其實[illegible]都有點怪，與世界格格不入也沒關係！

張昕、夏白鹿——著

—目錄—

PART 2

別怕，我們都是奇怪的人

提升病識感

PART 3

人生大事記
在不斷做決定中匍匐前進

PART 4

自我療癒
被接納的我才是完整的我

只會販賣焦慮的不是真正的心理學

本書是我們從二〇一七至二〇二二年發布在微信公眾號平台的文章整理而成，主題是「自我療癒」和「個人成長」。

書裡提到的心理學觀點來自我的專業，為了讓大家有良好的閱讀體驗，我是以「心理學教授」的視角來敘述的。其實每篇文章都是我和妻子白鹿一起交流討論後撰寫，也是經由她提出選題、策劃、執筆、潤色，我才能將這些觀點更好地表達出來。

還記得發布第一篇文章的起因。當時，我和白鹿對科普知識應該怎樣分享的觀點不同，就打賭做了一個實驗，就是想看看文章到底怎麼寫才能更為大家所接受。沒想到第一篇發出去後就停不下來了，也沒想到真的開始寫之後，越來越多的人關注我們，給我們加油、鼓勵，認真地給我們回饋，與我們討論，並提出批評和建議。我們也從一開始的試著玩，到後來變成了一種責任、一種默契、一個自然而然的約定。

這幾年來，有攻擊謾罵，有諷刺挖苦，有猜忌懷疑，但更多的是理解、支持、包容和喜愛。

有人說，我的某篇文章、某句話，在某個時刻突然令他豁然開朗，使他想通了困擾自己多年的問題，於是決定放過自己，好好生活；有人說，因為讀了我的某些觀點，他開始反思自己過往的做法，生活便出現了某些積極的轉變；還有一些學生朋友，因為我的文章而樹立了學習的目標，對心理學產生了興趣，糾正了偽心理學給自己帶來的認知錯誤；還有讀者認真地將我每篇文章的知識總結在小本子上，像做課堂筆記般密密麻麻地摘抄記錄，甚至還畫了思維心智圖……

這些點滴真的讓我無比感動，覺得自己的努力沒有白費。人生的煩惱這麼多，如果在這一秒你因為這本書而豁然開朗，那這就是我最大的價值了。

有時候我覺得這種交流方式真的很美妙，帶給我們某種神奇的緣分。我們素未謀面，透過文字相聚，進行最真誠的思想交流。

再說一說，我為什麼想做心理學科普書。

很多人對心理學的認知都來自「流行心理學」，例如星座學、算命、心理測驗等。它們和真正的心理學無關，只是和性格、情緒等搭上一點邊，就被打上「心理學」的標籤，再進行一番包裝，用一些似是而非的泛泛語言，讓人情不自禁地對號入座。

這樣很容易讓人忽略一個事實：心理學是一門會用到數學、物理學、生物學、神經學、醫學、社會學等多領域知識、跨學科的、需要透過實驗數據來進行研究的實證科學。在不少人心中，心理學成了一種玄乎又不靠譜的存在，甚至成了變戲法的代名詞。我原本覺得，測驗之類的消遣僅供娛樂也無傷大雅，但後來，看到一部分人打著心理學的旗號傳播一些偽科學的內容，甚至造成他人的經濟損失或引發他人心理健康方面的問題，我覺得我還是有必要站出來以正視聽。

要知道，成功的「誤導」不是說謊，而是將幾句真話混合著幾句假話，或者是將幾句真話斷章取義地捏在一起導向錯誤的結論，然後包裝行銷，販賣焦慮。

所以這也是我一直計劃著將我的文章整理成書的初衷：一方面是對過去幾年的科普工作和自省進行總結和梳理，另一方面也是希望更多的朋友系統性的瞭解生活中的心理學。

總之，記住一點：拚命向你販賣焦慮的人，不是真正學心理學的。因為真正學心理學的人，畢生所求所學就是為了減輕我們的焦慮，讓你知道，大多數的「不正常」，其實都挺「正常」的。

許多年前我初入北京大學讀心理學的時候，內心是懷著幻想和好奇的。當時我的想法就是「我想知道別人在想什麼」，以為學了心理學，就意味著有了讀心的能力。

當然，現在也有很多剛剛認識我的人，第一句話就是：「你是學心理學的啊？在你面前我一下子就被看透了。」或是：「你猜猜我現在心裡在想什麼？」我想告訴他們，我要是有這個能力就不會總是惹太太生氣了。所以我現在總是說：「學心理學的，一不讀心，二不算命，三不解夢。」

PART 1

日常生活中的怪誕

不易察覺的心裡角落

我又花了一段時間來思考：學習心理學的目的和意義。現在我的領悟是：心理學讓我明白：很多時候人的行為可能是大腦的把戲，是思維的陷阱。學習心理學並不能讓我擁有讀心術，但讓我學會去理解各種看似怪誕的行為，不管是「囤物癖」、「容貌焦慮」還是「炫晶病」，無論它們看起來多麼荒謬可笑、不合常理，其實背後都有情有可原的動機。

如此，學會理解他人，也更能認識自己。擁有同理心，也更願意探索世界。

01

整容癖　被塑造出來的容貌焦慮

在外界對女性傳遞各種惡意的時候，
希望你成為自己想成為的樣子就好。

容貌焦慮，即一個人對自己的容貌有各種不滿意，甚至不惜犧牲健康去改變外表。古有裹腳、束胸、束腰，現有削骨、過度整容、過度減肥。即便沒傷害身體，心理上的傷害也是存在的。不少人因為過度關注外表或是過度缺乏信心而產生情緒困擾。

一般來說，女性的容貌焦慮程度要高於男性，大概是因為很少有人語重心長地說：「男孩子的顏值真的太重要了！」不管是長相普通的女孩還是漂亮的女孩，她們幾乎從小就處在他人的評頭論足中。

我就看過有父母對女兒的外表極度挑剔，對女兒說：「你看你的嘴形不太好看，要是男生就沒關係，但是女生這樣就不行了。」這類話常常會讓女性對自己的容貌過度自卑。

社會的審美價值是幫兇

女性的容貌焦慮不僅僅是父母灌輸的，社會的塑造也是重要因素。因為父母知道社會對女性容貌的期望值，知道大眾的審美標準一向對男性寬容而對女性嚴苛。所以不只是女孩在焦慮容貌，其父母也在為女兒的容貌而焦慮。

對容貌的評判甚至不會放過世界上最有權勢的女人。我小時候在雜誌上看過一則笑話：希拉蕊．柯林頓永遠也不可能當上美國總統，因為如果她漂亮，女人不會選她；如果她不漂亮，男人不會選她。

當我們評價一位男性，首先是看他的人品、能力；而評價一位女性，意識大都還停留在以貌取人的階段。這就可以解釋，為什麼很多明明不胖的女孩也總說自己要減肥，很多明明相貌端正的女孩，總覺得自己的五官、身材、皮膚永遠不夠完美。

當整個社會都在用「以貌取人」這套評價體系去衡量女性的一切時，她們只有不斷修正自己去迎合這個體系，才能獲得本該屬於她們的社會認可。而男性則不需要去迎合這套評價體系，因為對男性而言不存在這樣的標準。

不過我認為，隨著女性經濟和社會地位越來越高，「物化男性」和「男性容貌焦慮」也一定會越來越多。

女為悅己則容　成為自己喜歡的樣子

法國女權運動先驅之一的西蒙．波娃說過：「女人不是天生的，而是後天形成的。」女性是透過接受並按照社會對其角色適應性的定義，而將自己塑造成一個符合「男權」社會期望的、「合格」的女人。**女性首先要做一個人，做一個達到自己期望值的人，然後再按照自己願意的樣子成為一個女人**。

當然，我這麼說並不意味著不允許人們保有愛美之心。你可能會認為我在玩文字遊戲，但是按照別人的意願去改造自我，和按照自己的意願去改變自我，是截然不同的。

如果一個女性在容貌焦慮之下修飾容貌，她會想方設法掩蓋缺點，她的內心是痛苦的，外顯出來就是侷促的、緊鎖的；倘若在灑脫、自在、愛自己、認可自己的心態下裝扮自己，其內心感受到的是快樂，綻放出來的是自信和正向，整個人都是舒展的和充滿力量的。

反容貌焦慮，不是說以不修邊幅、邋里邋遢為榮，也不是叫人失去自知之明，逼著別人承認自己美若天仙，而是「我知道自己不完美，但我仍然愛自己，全然接納自己」。

其實，鹿老師從容貌焦慮走向不焦慮，經歷了漫長的過程。

第一階段是高中時期。那時候她留著短髮，打扮比較像男生，常被錯認成男孩。大家也知道中學生的嘴巴有時候很毒辣，總有人叫她「陰陽人」。

有一次，她被一群同學圍著說：「你長大以後去做個變性手術吧。」她當場被氣哭了。後來她的一位好姐妹安慰她：「長得像男人又怎麼樣呢？即使是，你肯定也是個俊俏的美男子，一樣招人喜歡。好看的人是不分性別的，你要真是男人，我就想嫁給你。」鹿老師第一次感受到了治癒。

這其實也是心理學中經常說的無條件的積極關注：不管你是男是女，你始終是被愛、被喜歡的，在我的心目中我無條件地認可你、接納你。這樣的姐妹是真朋友呀！

第二階段是在她見到自己的媽媽變老後。我岳母年輕時美麗大方，即便現在老了，也依然優雅高貴。出門時，她會化精緻的妝容，穿摩登的大衣和考究的高跟鞋。鹿老師總跟她開玩笑，說她整天打扮得像電影裡的豪門貴婦。

鹿老師偶然看見媽媽卸妝後的狀態，媽媽摘下假髮，頭頂稀疏花白，面容憔悴，是那麼蒼老又單薄。這讓鹿老師特別心疼，她在心裡暗想「我一定要努力賺錢，好好孝順她」。鹿老師以前不懂，怎麼會有人愛一張備受摧殘的臉呢？現在她懂了。

這也是無條件的積極關注：就算媽媽的臉備受歲月摧殘，愛你的人，對你的愛並不會因為容貌的衰老而改變。既然如此，就無須在乎那些不愛你的人如何評價你的外表。

第三階段是鹿老師放下了女性身分的焦慮後。實際上，這不是她擺脫容貌焦慮的主因。因為在生活中，我很少誇讚她好看，或者說，我很少評價她的身材、皮膚和相貌。我會無視傳統價值觀中對女性的定義，也從來不說女性「應該」如何（只會說你「可以」如何）。

在男同事陰陽怪氣地說「我要是已婚婦女，就老老實實在家做飯帶孩子」的時候；在女上司說「我肯定不會讓有孩子的女下屬升官」的時候；在客戶說「這麼年輕啊，會不會喝酒」的時候；**在外界對女性傳遞各種惡意的時候，我都會鼓勵她成為她自己想成為的樣子**。

當鹿老師跳出「女性」被定義和被期望的框架，自然就不再為自己不符合「白幼瘦」的審美觀而焦慮。或者說，她擺脫的是女性身分的所有焦慮，包括了容貌焦慮。

最後，我想說，如果你也為主流審美觀對女性身材、皮膚、相貌的評價而焦慮，為別人貶低你的外表而苦惱，那就告訴他們：「我很喜歡我的樣子。我和你一樣普通，憑什麼不能和你一樣自信？」

本章重點

1. 當整個社會都在用「以貌取人」這套評價體系去衡量女性的一切時，她們只有不斷修正自己去迎合這個體系，才能獲得本該屬於她們的社會認可。

2. 女性首先要做一個人，做一個達到自己期望值的人，然後再按照自己願意的樣子成為一個女人。

3. 心理學中經常說的無條件的積極關注：不管你是男是女，你始終是被愛、被喜歡的，在我的心目中我無條件地認可你、接納你。

02

搞怪網紅　獵奇的心理需求

原先我總害怕讓人覺得自己無聊淺薄，結果當我看到有人能夠心安理得地展現無聊的內容，我就覺得很治癒。那我不夠上進不夠努力應該也沒什麼吧！

處於網路世代，網紅是現今社會獨特的現象；尤其標新立異搞怪的網紅，粉絲或追蹤人數經常高達百萬人次。鹿老師既能賺錢養家，又貌美如花。養魚種花、寫詩作畫樣樣精通，時常胸懷天下，每每治癒人心，這不比搞怪扮醜的網紅迷人嗎？這類外型平凡、沒有特殊才藝、影音內容缺乏內涵的搞怪，為什麼能成為現象級網紅呢？

人們都喜歡美好的人和物，但是相對不那麼美好的人和物，也有奇妙魔力深深吸引了人們的注意力，這又是為什麼呢？

獵奇與陌生化的體驗

因為他們與人們習慣的傳統美感背道而馳，又以誇張、變形、戲劇化的呈現來製造情緒上的衝突，形成一種「陌生化」的體驗，帶來新奇強烈的感官刺激，滿足人的獵奇心理。

心理學有個概念叫作「超限效應」（Transfinite Effect），是指某樣事物過多地存在，或者對人造成的刺激過多過強，或者作用的時間太久，就會引起人們心理上的極度不適，甚至逆反心理。

五六年級生的父輩迷戀過港台明星，突然之間港台女明星柔柔弱弱、哭哭啼啼地在螢幕上談情說愛，驚艷了叔叔阿姨的歲月；八〇、九〇後在青春年少時則多少都幻想過有個「野蠻女友」或成為「野蠻女友」，這也是因為梨花帶雨的瓊瑤女郎風靡太久，一個孔武有力的「暴力女友」反而令人耳目一新。

現在各種自媒體平台給民間高手提供了展現自我的機會，我們會發現原來身邊藏龍臥虎：相貌出眾的、能歌善舞的、琴藝精湛的、儀態優雅的、智商超群的、口若懸河的、身懷絕技的、腰纏萬貫的，紛紛經營自媒體，但是隨著這類影音越來越多，大家會越來越膩，再看到多才多藝的美女帥哥時內心也難起波瀾。

這個時候，一個長相平平，不修邊幅，舉止不算文雅、才能不算出眾，甚至當著觀眾的面打噴嚏、咳嗽的人一出現，大家會立刻感受到與先前完全不同的新奇刺激：「啊！這是什麼物種？」「哇！她好特別，不做作！」

很多有才能的網友對影音素材進行的各種二次創作（如表情包），都是對這種「直接娛樂」的獵奇追逐。獵奇的趣味，首先能夠帶來陌生的感官衝擊，刺激多巴胺的分泌；其次，它滿足了人們「彰顯自我」的心理需求；再次，它滿足了大家「向下社會比較」的心理需求，能夠幫助人提高自尊；最後，它誇張和戲劇化的表達方式，反抑制、反約束，本身就有一種宣泄情緒、紓解壓力的作用。

替代性的減壓模式

鹿老師感慨：「看到他們（搞怪網紅）我才知道，原來『浪費生命』這件事是被允許的。」鹿老師說，她白天在忙東忙西和重度拖延中來回焦慮與糾結，晚上再回顧反思，又因虛度年華而悔恨，因碌碌無為而羞恥。**當她看到這些搞怪網紅，在螢幕前大大方方地展現自己的無聊和乏善可陳，說著沒有營養、不著邊際的話，而且這是被允許的，甚至是被很多人喜歡和認同的，她的焦慮就得到了一種替代性的釋放。**

她說：「原先我總害怕讓人覺得自己無聊淺薄，結果當我看到有人能夠心安理得地展現無聊的內容，我就覺得很治癒。那我不夠上進不夠努力應該也沒什麼吧，原來不是我一個人這麼頹廢。原來大家不是都那麼想去追逐意義。可是我也不敢真的完完全全懈怠，因為我有我的責任與追求，所以看到別人坦然地『虛度』著，我就在想像中完成了當『廢物』的願望。」

所以，**搞怪網紅的幾百萬粉絲不是因為他們也想要這麼做，而是因為他們可以從誇張的言行中獲得一種替代性的宣泄。**搞怪與大喊大叫本來就是某些人宣泄情緒、釋放壓力的重要方式。可在人際交流中，不恰當的自我表達往往會造成很多麻煩，影響正常社交，所以有些人會壓抑自己的欲望，轉而在搞怪影音中獲得這種替代的釋放。**也許他們喜歡的並不是這個人，只是想透過這樣無所顧忌的表達方式來宣泄情緒壓力而已。**

全然的自我接納——網紅的心理素質

透過對搞怪短影音內容的觀察與研究，我發現網紅們身上具有心理學家非常強調的寶貴特點：全然的自我接納。

網紅們毫無顧忌地展現自己的性格和長相，被網友指責是「跳梁小丑」、「譁眾取寵」、「裝瘋賣傻」時，他們並沒有因此改變自己，像是對自己的狀態充滿了底氣。

這一特質是很多人缺乏的，尤其是女性。我見過很多女性，對自己這裡不滿意、那裡不喜歡，明明已經很好，卻總覺得自己還不夠好。這類女性朋友不妨學學這些網紅的心態：接受自己的狀態，不和自己較勁，不理會別人的評價，在現有狀態下坦然放鬆地活著。如果連他們都可以活得從容不迫，我們更沒有必要活得如此侷促不安。

本章重點

1. 搞怪網紅。與人們習慣的傳統美感背道而馳，又以誇張、變形、戲劇化的呈現來製造情緒上的衝突，形成一種「陌生化」的體驗，給人帶來新奇強烈的感官刺激，滿足人的獵奇心理。
2. 這些搞怪網紅，在螢幕前大大方方地展現自己的無聊和乏善可陳，說著沒有營養、不著邊際的話，而且這是被允許的，甚至是被很多人喜歡和認同的，心理焦慮就得到了一種替代性的釋放。

3. 網紅們毫無顧忌地展現自己的性格和長相，被網友指責是「跳梁小丑」、「譁眾取寵」、「裝瘋賣傻」時，他們並沒有因此改變自己，展現全然自我接納的心理特點。

03

購物狂　獲得自尊感的滿足

購買名牌包體現的其實是一個人迫切需要高內在自尊感的狀態。

這類人不能獲得足夠的由內而外的自尊來源，

因此需要透過符號式的外在媒介（如炫耀性購物、奢侈品消費等）

來達到由外而內的自我肯定。

鹿老師有一次參觀完朋友的豪宅後，她的內心始終處於蠢蠢欲動而不得的躁動。人的消費欲望總需要被安放。當一個人沒錢買大件奢侈品時，就會轉向購買單價較低的小件奢侈品來提升幸福感。這是一種壓抑花錢欲望後的補償心理。

於是，當鹿老師接受了自己買不起豪宅的事實後，便開始了一系列的作為：先是換掉家裡零零碎碎的小東西，譬如牆上的掛畫、客廳的窗簾、衣櫃裡的衣服；繼而把餐桌邊櫃換了，鍋碗瓢盆也換新了；接著又把鞋櫃、鞋子也都換了；最近她又打算買新床，並且開始做攻略，叮囑我去香港出差時幫她買包。

每天看她忙進忙出地扔東西、買東西，直到有一天，她躺在床上突然感慨道：「小時候聽夸父追日的故事，我就想哪有人會去追太陽追到死啊？現在卻覺得真是先賢的智慧啊！想要的生活明知追不到也無法停下追逐的腳步。」

「你有沒有想過，你有可能是中年危機了？」我問道。她立刻坐起來橫眉冷對，「你說誰中年？」我趕緊解釋：「不是中年，重點在『危機』二字！我能感覺到你最近對現狀很不滿意，狂買東西，你在進行著某種努力，渴望發生改變。」

她說：「我買鞋買包就是圖開心，想對自己好，不可以嗎？」我馬上回說：「對自己好，當然沒問題，但什麼才是愛自己？當然，買東西是愛自己的方式之一。但我認為，愛自己的前提應該是正確地認識自己。」

內在的自我覺察

心理學研究認為「自我認識」和「自我意識」是我們不斷自我成長、自我提升的基礎。

我們每個人的成長過程，都是「內心自我」逐漸形成並穩定的過程，但並不是所有人都能在過程中發展出對「內心自我」的清醒認識。**一個人只有準確意識到自己的真實狀態，覺知到自己內在的情緒體驗，才能恰當管理自己的心理狀態。**

心理學家對動物所做的鏡像實驗發現，豹子會去攻擊鏡子裡的自己，因為牠們沒有自我意識，不能意識到鏡子裡的形象其實是自己。同樣，如果人類不能正確認識自己，我們也很可能像豹子一樣潛在地「攻擊」自己。例如暴食症患者，就是因為對自我外表認知出了問題，才會不斷用催吐、減肥來傷害自己。

如果人不能知道自己內心要什麼，就只能一直處在徒勞的掙扎中，任憑焦慮對自己造成傷害而不自知。

我繼續對鹿老師說：「你有沒有意識到，你正在做的這些改變，其實是你內心覺得自己不夠好。你渴望變好，卻又不願意接受和承認自己不夠好，因此將壓力轉向外在的實物。」鹿老師說：「我才沒覺得自己不夠好呢！」我說：「那我問你，你為什麼喜歡買這些名牌大衣、包包和鞋子？」

鹿老師說：「因為感覺它們像一種符號，代表著我小時候嚮往的理想生活。我想提醒自己，努力生活為的就是實現自己想要的人生。大衣是我的鎧甲，包包是我的武器，鞋子是我的戰靴，擁有它們我就是一個職場精英，可以一路狂奔，無所畏懼。而且包包對我們真的友好，衣服還挑身材模樣，包包不挑，不管是胖是瘦，包包永遠都那麼美。」

我說：「所以，你是把衣服和包包作為武器來武裝自己，但你有沒有發現，你內在的焦慮其實源於你渴望成為中產階級、職場精英、瘦子，並不在於你缺這些衣服、名包和鞋子。」

購買奢侈品獲得內在的滿足

鹿老師讓我繼續說：「你知不知道，什麼樣的人最需要購買炫耀性的非必需用品？答案是低自尊的人，也就是無法確定自己是否足夠好的人。」

低自尊的人對於「我是否被認可」懷有極大的不確定性，也無法透過自我認可來獲得內在的滿足感，因此更願意去買代表身分的豪華轎車、名牌包來聲張威勢和力量，並從他人的回饋和評價中獲得自尊。而那些自尊比較高的人，覺得自己足夠有力量的人，其實並不會對此特別買帳。

就像武俠小說裡那些為了搶奪厲害裝備（諸如金蛇劍、金絲軟甲）而廝殺的人，往往都有一顆稱霸武林的心，卻未必是真正的高手。真正的高手都是心法口訣在心中，無須靠裝備升級。

我又對鹿老師說：「你是個特別渴望高評價的人，你一直以來想讓自己變得更好都是為了得到別人的肯定。但同時你又是貪玩偷懶的人，你本能地躲開那些更為艱苦的、讓自己變得更好的方式，而去追求那些輕鬆的、捨本逐末的方式。你讓自己的外表努力接近你想像中的優質成功女性的形象，然而內在的你還是原來的你。」

鹿老師思考了一陣後表示：「你這麼說好像也有道理。我瘦的時候好像沒有買過這麼多衣服，因為我不需要靠衣服來證明我是小仙女，可是長胖後，我總覺得這件不夠顯瘦，那件不夠有氣質，總在尋找也許會更顯瘦的下一件……不說了，我決定跑步去了！」

我說：「跑步健身當然好，但你想在事業和人生中有所突破，靠的也不是你瘦了幾公斤，穿了名牌高跟鞋或拎了限量包，而是需要不斷提升自我和懂得自我約束。升官加薪看的是你是否自律、效率和聰敏，是否具備獨當一面的能力和不可替代的競爭力。而且『腹有詩書氣自華』、『讀萬卷書，行萬里路』，才會讓你兼具好看的皮囊和有趣的靈魂。只有不斷地讀書學習，才能提升、豐富自我，讓你獲得真正的自信和快樂。」

女性為什麼熱衷購物？

有一次，我和鹿老師就這個問題進行了探討。我問她：「包包就是用來裝東西的，為什麼要左一個右一個地買呢？還有你那些口紅，揉來揉去都是紅色系的，為什麼要買那麼多看上去幾乎是一個色號的口紅呢？」

鹿老師反唇相稽道：「那你為什麼喜歡玩遊戲呢？難道你沒意識到你坐半天就是四個按鍵來來回回的按嗎？你就是把拇指磨禿破皮了，按的也就是那四個按鍵啊……」

為什麼男女之間興趣的差異如此之大卻又完全有跡可循，譬如男生愛打遊戲，女生愛購物，大多數人遵循著這個規律並且彼此都無法理解對方的樂趣所在。

在遠古時代，女性負責收集（採摘），男性負責攻擊（狩獵）。雖然如今社會分工已經完全不同，經濟獨立的新女性已經可以在各個領域大顯身手，但是，由「收集」和「攻擊」分工帶來的愉悅感都還留在人類的基因裡。

譬如大多數像我這樣的宅男，閒暇時光都花在虛擬的戰鬥中，釋放不存在的雄性攻擊性；而很多像鹿老師這樣的女生，則需要佔據大量屬於自己的物品，就像龍盤踞在裝滿珠寶的洞穴裡，哪怕用不上也要守在上面。儘管擁有了整衣櫥的衣服鞋包、口紅首飾等，卻還是忍不住購買的欲望。

女性為何對包包情有獨鍾呢？

還是跟遠古女性從事果實採集有關。採集必然需要用到相應的工具，最開始，原始人出去採集果實可能是用大的樹葉包裹著，但是樹葉比較脆弱，後來應該是用編織的籃子或者獸皮來充當容器。於是，每當有採集活動，女人就帶上籃子或者獸皮出去，久而久之，包包就成了女性的必備生活用品。

但我們還是沒解答另一個問題，包包只是用來裝東西，為什麼要買名貴的包呢？普通的包難道不行嗎？在心理學中又該如何解釋呢？

這就要說到女性對「貴而無用」的東西的熱愛了（同理於女性為何熱愛鑽石）。這大概是女性考驗男友真心的利器。房子再貴，男人也可以住；冰箱、電器、汽車再貴，男人也可以使用；但是像鑽石、名牌包這樣的奢侈品，對男人來說既貴又完全無用，他捨得購買，足以說明對女友的重視程度。

二〇一四年《消費者研究期刊》的文章提供論點。在實驗中，研究者讓兩組女性測試者分別閱讀一段關於「某女士和男朋友參加聚會」的文章，文章大部分內容都是一致的，除了在描述女士穿著和佩戴珠寶時有所不同：A版本說她穿的都是名牌奢侈品，B版本則說她穿的是普通商品。試讀文章後，研究者讓她們來評價「你覺得這位男友有多愛這位女士」，結果顯示，A組認為男友更愛女友。

在第二個實驗中，研究者則啟動了女性測試者的競爭動機，即讓她們想像有另一個女性要搶她們的男朋友，研究者想瞭解在這種情況下，是否會激發女性的防禦性購物（購買更多的奢侈品能夠顯示男朋友愛她）行為。結果發現，當測試者意識到有人跟她爭搶男朋友時，確實會啟動奢侈品購物動機，而且品牌標識越大越好。

所以，**按照心理學的理論，女性購買奢侈品的另一個重要動機在於向潛在競爭者示威**。

鹿老師這時又提出疑問：「可是很多女生並不需要男人為她買包啊！自己掙錢自己花，根本不需要考驗誰的真心，那為何還是喜歡購買名牌包呢？」

我認為，隨著女性經濟地位的提高，女性奢侈品消費的動機也在默默發生轉變。以往人們認為男性購買奢侈品的動機是展現經濟實力、顯示社會地位，而如今女性在購物消費時也出現了這種心理需求。二〇一七年《商業研究期刊》上登載的一項研究顯示，大眾購買奢侈品的動機大約可以分為四種：一、精英主義，二、排他性，三、精緻感，四、文化感。前兩種消費動機屬於「自尊需求」，後兩種屬於「審美需求」。

該研究認為，男性購買奢侈品的動機大部分來自精英主義和排他性，即他們需要彰顯自己雄厚的實力和崇高地位；女性購買的動機則主要來自精緻感，她們希望提升自己的外在形象。但是這一結論仍然存在爭議，因為也有其他研究發現，不少現代女性也同時存在精英主義和排他性的動機。

愛慕虛榮的偏見

購買名牌包體現的其實是一個人迫切需要高內在自尊感的狀態。這類人不能獲得足夠的由內而外的自尊來源，因此需要透過符號式的外在媒介（如炫耀性購物、奢侈品消費等）來達到由外而內的自我肯定。

於是有讀者問：「老師，我喜歡香奈兒包，就是單純覺得香奈兒的設計和質感特別好，那怎麼判斷我對它的愛是出於審美需求還是自尊需求呢？」

我讓她問自己一個問題：「假設有一款包，它從外觀設計到手工質感再到五金皮質都和香奈兒一模一樣，唯一的區別是，它只賣三百元，你還會獲得和擁有香奈兒一樣的快感嗎？」如果會，就是審美需求；如果不會，就是自尊需求。

答案很明瞭，她喜歡的不僅是香奈兒的設計，更愛那個標識。她也坦言：「單純追求款式的人其實不必買香奈兒，因為很多沒有品牌的包款式也很美。但我需要的就是擁有香奈兒的快樂，拿到包包的時候感覺包在閃閃發光，自己也在閃閃發光。」

所以，**名牌包在她看來是某種生活狀態的寫照，是有助於提升內在自尊。但買名牌包不等於愛慕虛榮與好逸惡勞。**

家宴的時候，姐夫對我說：「你一個大學教授，為什麼老討論購物話題啊？這和你的目標受眾肯定不契合！」我問：「何出此言？」姐夫說：「關注你的讀者，肯定都是比較愛學習的人。你老說奢侈品啊、名牌包啊，那都是愛慕虛榮、好逸惡勞、不學無術的人才關注的議題，你的讀者肯定不感興趣。」

他話音未落，就遭到了姐姐、鹿老師和姪女的群攻，「誰告訴你買包的人不學無術了！」等她們抨擊完，我又補了一句：「這就是你的刻板印象在作怪！」

我曾說過，我們常會將「注重打扮」、「華麗外型」與「不專業」、「不務實」的印象連結。鹿老師也說過，她在工作中經常得到的評價是「沒想到你每天打扮得漂漂亮亮的，工作起來竟然還挺拚的」。可見，一般對於「愛美打扮」就是「好逸惡勞」的偏見很深。

我認為，對物質欲望進行良性引導，學會做欲望的主人，瞭解並掌控自己的需求，可以將欲望化作動力，激勵人前進。譬如很多人為了買包而努力學習、拚命工作。反之，受到惡意引導，陷入欲望的泥淖，成為欲望的奴隸。如有些人為了買包而欠債，甚至去借貸。但我們不能只看到「為了買包而去借貸」的人，就故意對「為了買包而努力學習、拚命工作」的人視而不見。

很多男性對女性買鞋包、買鑽石這類事存有如此大的偏見，是因為這些需求提高了男性求偶的潛在門檻。就算女性覺得「我不需要你給我買包」，某些男性潛意識中還會不自覺地認為，我理應有這個能力才能達到追求的門檻。

本章重點

1. 買東西是愛自己的方式之一。愛自己的前提首先應該是正確地認識自己。
2. 購物：內心覺得自己不夠好。渴望變好，卻又不願意接受和承認自己不夠好，因此將壓力轉向外在的實物。
3. 女性負責收集（採摘），男性負責攻擊（狩獵）。由「收集」和「攻擊」分工帶來的愉悅感都還留在人類的基因裡。
4. 買名牌包是某種理想生活狀態的寫照，是有助於提升內在自尊。但買名牌包不等於愛慕虛榮與好逸惡勞，必須破除刻板印象的偏見。

04

炫富　正向情緒體驗

每個人都需要向別人展現自己，
而自我展現的動機不外乎希望被人喜歡、被人關注或被人尊重。
達成這些目的的手段不少，而炫富就是自我展現的基本方法之一。

說到炫耀性購物、購買奢侈品的話題，就不得不聊一聊關於炫富的話題。一般來說，喜歡炫耀性購物、購買奢侈品的人士，多數缺乏內在的滿足感，因此他們需要從他人的回饋和評價中獲得積極情緒。

有人或許會反駁我：「這可能就是上流社會的日常啊！何以見得人家就是炫富而非無意中露富呢？」有些人可能會覺得：「不就是你缺什麼，就覺得人家在炫什麼。」

炫富與露富的差別

炫富有個重要特徵：或明示，或暗示，總要在描述一件看似不相干的事情時，著重強調某件物品或某種生活方式所需的價格。而露富則是在描述日常事件時，無意間透露出生活習慣、言行舉止、生活品質、價值觀等方面的養尊處優而不自知。

我們以《紅樓夢》中賈寶玉出場的經典橋段當作例子：

「頭上戴著束髮嵌寶紫金冠，齊眉勒著二龍搶珠金抹額；穿一件二色金百蝶穿花大紅箭袖，束著五彩絲攢花結長穗宮絛，外罩石青起花八團倭緞排穗褂；蹬著青緞粉底小朝靴……雖怒時而若笑，即嗔視而有情。項上金螭瓔珞，又有一根五色絲絛，繫著一塊美玉。」

以白話文解釋：頭上戴著天寶銀樓價值萬金的紫金冠，身著東渡倭國時買來的限量版排穗褂，踩著金陵天字一號綢緞莊的當季最新款青緞小朝靴，項上佩著花了六百兩紋銀的金螭瓔珞，又有一根江寧織造府特供的五色絲絛，繫著價值八千八百兩黃金的美玉。

光從外顯特徵不足以判斷一個人是炫富還是露富，要瞭解某種行為，一定要瞭解行為背後的情緒和動機。

例如，一樣是砸價值連城的寶物，一樣都是糟蹋好東西。西晉時期的富豪石崇鬥奢就是一場類似成果展示會的「炫富」，賈寶玉卻是不知民間疾苦的「露富」。

石崇用鐵如意砸碎晉武帝賜給王愷的珊瑚樹，繼而搬出自己府中更高、更貴的珊瑚樹讓他挑。他的動機是藉賠償之名，讓王愷見識見識什麼叫「一珊更比一珊高」。

而賈寶玉砸玉，是因為他原本就含著通靈寶玉出生，並不覺得這玉有多稀罕，所以一看神仙似的黛玉妹妹沒有玉，他就「我也不要這塊玉」了。他的動機是不想在家中姐妹裡顯得與眾不同。

賈寶玉撕扇子，動機是要博晴雯妹妹一笑。他對於「物盡其用」也有一套自己的價值觀：扇子、杯盤本是拿來用的，你要是圖高興，那撕著玩也行，砸碎了聽那聲脆響也行，「只是不可生氣時拿它出氣，這就是愛物了」。

而石崇叫廚房下人把蠟燭當柴燒，不是他對蠟燭的妙用另有一番驚世駭俗的解讀，而是為了打敗王愷，是要孔雀開屏般地向世人展現自己雄厚的財力。

每個人都需要向別人展現自己，而自我展現的動機不外乎希望被人喜歡、被人關注或被人尊重。達成這些目的的手段不少，而炫富就是自我展現的基本方法之一。

炫富的心理機制

從進化的角度來說，被尊重和被喜歡的人更容易獲得資源和利益，從而提高生存和繁衍後代的機率。換句話說就是：「我的資源充足，跟著我有肉吃，你要加入我的隊伍嗎？」**展示自己擁有的能力、財富、地位或成功，是個人獲得被尊重、被認可等正向情緒體驗的重要手段。**

那麼，哪一種人特別需要強化這種情緒呢？那就是對自己「被認可、被尊重」這件事既有極大渴望、又懷有極大不確定性的人。

二〇一〇年發表在《實驗社會心理學雜誌》的文章中，尼羅・西瓦納坦（Niro Sivanathan）、佩蒂特（N. C. Pettit）兩位學者進行了兩種「啟動」實驗：一種是負向回饋，一種是正向回饋。分別給予他們打擊蔑視和積極讚美兩種相反的評價。再分別測量他們對不同物品的消費意願，一種是奢侈品，另一種是普通商品。

結果顯示，被積極讚美的測試者，相對於得到消極評價的測試者，更願意進行炫耀性消費，即購買象徵地位的奢侈商品。而且在後續一系列實驗中，兩位作者進一步證實，收入並不高且自尊較低的人，為了挽回自尊更容易購買代表身分的豪車與名包等。**這就證實**

了獲得自尊的動機，實際上是炫耀性消費或者炫富的一種心理性內部機制。

二〇一〇年，學者拉克（D. D. Rucker）和加林斯基（A. D. Galinsky）的研究發現，對地位高（或者自我感知權力高）的人，一定要強調產品的品質，而未必要強調產品代表的身分；相反，對地位低（或者自我感知權力低）的人，則要充分強調產品象徵的地位。也就是說，**個人的購買意願與其身分地位及自我感知權力高低顯著相關，因此對不同地位的人要採取不同的行銷策略。**

學生提問：「老師，你的意思是不是炫富的人其實並不是真的有錢。」請不要誤會，我並不是這個意思。炫富的人未必不是真富，他們可能真的非常有錢，例如上文中那位富可敵國的鬥富者石崇。

石崇是家中第六子，據說他父親分家產的時候偏不分給他，號稱自己夜觀星象，發現石崇日後必成巨富，不需祖產。這極有可能是後人為了增加宿命色彩而穿鑿附會。不過石崇在家中不受重視，因此養成自卑又自負的性格倒是有一定的可能性。

所以，願意炫富的往往是自尊感較低的人，他們在突然獲得了超出預期的財富後，迫切希望透過昭告天下的方式來樹立自己的高大形象和權威地位。

瞭解炫富背後的心理機制，對於炫富行為本身會更為理解，**一方面，炫富是獲得積極情緒的一種方式和手段，有益身心健康。但另一方面，我不認為反感炫富行為的人是出於**

缺錢和嫉妒，因為這種行為確實不符合社會常理，被排斥和不接受也是意料之中。

心理學上認為，凡是不影響自己和他人生活的行為，都是正常的。只要炫耀的財富不是不義之財，只要炫耀性消費沒有影響自己和他人的正常生活，那就無須對此評頭論足。還是那句話，**我們瞭解自己行為背後的動機，不是為了批判自己，而是為了更好地瞭解自己的內心，瞭解並掌控自己的需求，做自己欲望的主人。**

最低調的文字，最高調的炫耀

既然說到了炫富，就不得不提到曾經上過熱搜的網路文字——「凡爾賽」體。**「凡爾賽」體的核心精神就是用最低調的話語進行最高調的自誇，明貶暗褒，以冷漠、淒清又惆悵的口吻，在不經意間流露出自己優越的生活狀態，表達出一種「漫不經心最愉快，笑罵由人不表態」的思想境界。**

這個現象正好對應心理學上的一個名詞——謙虛自誇，即同時包含著抱怨、自謙和自誇的一種炫耀方式。

舉兩個例子：

「我家的珠寶首飾多得沒法收拾，滿屋子都是！那叫一個亂啊！」

「這次度假我很糾結去不去巴黎。去吧，那麼遠；不去呢，巴黎也還行。」

調查顯示，在謙虛自誇的例子中，百分之五十八點九以「抱怨」為基調，百分之四十一點一則是以「自謙」為基調。那麼，這種頻頻使用謙虛自誇技能的「凡學」大師，其心態是什麼呢？大概是：想炫耀成就來獲得別人的關注。畢竟，如果沒人分享，再多的成就都不圓滿。

調查顯示，這種謙虛或訴苦的炫耀方式比直接炫耀更討人厭。

不過我個人倒是覺得，如果是我的長輩親朋好友炫耀，不管是謙虛地吹噓還是驕傲地吹噓，畢竟這都是人類獲得積極情緒體驗的一種重要表現形式，有益身心健康。只要沒有被冒犯，也不必一針見血地反擊回去，順著他們的意思哄一哄，讓對方開心一下也滿好。

本章重點

1. 炫富：或明示，或暗示，總要在描述一件看似不相干的事情時，著重強調某件物品或某種生活方式所需的價格。露富：描述日常事件時，無意間透露出生活習慣、言行舉止、生活品質、價值觀等方面的養尊處優而不自知。

2. 炫富的心理機制：展示自己擁有的能力、財富、地位或成功，是個人獲得被尊重、被認可等正向情緒體驗的重要手段。

3. 謙虛自誇的「凡爾賽」體，用最低調的話語進行最高調的自誇，明貶暗褒，不經意間流露出自己優越的生活狀態，比直接炫耀更討人厭。

05

哭窮厭世黨　內心不安的產物

雖然衣食無憂，但與理想的預期差距甚遠，用盡全力也只能維持看似體面、實則脆弱的現狀，並沒有真的改觀。「心窮」才是哭窮的真實心理狀態。

炫富往往是由於自尊較低，無法透過自我認可來獲得內在滿足感，需要從他人的回饋中獲得積極情緒。炫富的親戚好友——哭窮，背後又是什麼心理機制呢？

不同於炫富派展現財力的統一訴求，哭窮派的表現比較多樣化。有的是表現摳門，刻意隱瞞實力，生怕露富被人借錢；有的是故作謙虛地炫耀，嘴上說窮，其實是在炫耀財力。

我想探討隨著社會經濟發展而出現的新型哭窮模式——「厭世聯盟」。不知道大家有沒有同感，身邊很多人，按照國家貧困線標準來劃分，絕對算不上窮，甚至可以說是小康有餘。他們平時為人並不摳門，請客花錢從不含糊，但就是喜歡習慣性哭窮，喜歡相互攀比誰更「廢柴」。不知從何時開始，哭窮成了小康乃至中產人群的新常態，一天不哭窮就好像今日沒有「三省吾身」、沒有自覺性。

追趕落下的時代

炫富的人總還是想保留一點矜持和含蓄，要多花一點心思，在不經意間露出價格的標籤。哭窮則簡單粗暴多了，一般都是直抒胸臆。

譬如鹿老師和她的姐妹就經常互相對坐著喊「啊，我好窮啊」、「唉，我也好窮啊」。我忍不住採訪了一下她們哭窮的心路歷程：

因為我想追趕落下的時代，出生晚了，房價漲了。怎麼也追不到自己想要的生活。沒錢的感覺就是，我好像站在花花世界的中心，但我周圍是一片荒野，我只能站在那裡，永遠站著，什麼都幹不了。

感覺自己窮，可能因為我有太多的求而不得。理想與現實永遠有差距，一個小目標實現之後，又會冒出一個新的小目標。

我已經不年輕了，可是我還沒有恣意地活過。每天一睜眼就是房貸、車貸、孩子的補習費，我和疲於捕獵的穴居人沒有區別，這不是活著，只是不斷地覓食。如果僅從活著的角度來說，我已經活得很不錯了，但僅僅是活著而已。我想探究生命的延伸，但延伸的半徑是用錢畫出來的。

我對以上靈魂感悟進行了歸納和總結，**發現這其實就是日益增長的對美好生活的嚮往和自身無法達到目標之間的矛盾**。

欲罷不能的「厭世」、「比廢」

經濟飛速成長的時代已經一去不復返，社會發展進入了相對平穩的階段。儘管一夜暴富變得越來越困難了，但可怕的是，別人家的故事從來不絕於耳。老同學好像一個個都出息了，當年的學霸進了華爾街，當年的班花嫁了企業接班人，當年的學渣網路帶貨賣大閘蟹且生意紅紅火火，當年不起眼的路人甲自媒體粉絲量幾百萬，當年的「二代」們也繼承了祖業並闡釋著「比你命好的人還比你努力」等等。

每個人似乎都在不進則退，每天都處於「想超越他人或害怕被別人超越」的巨大精神壓力下，於是焦慮，於是恐慌。可是掙扎過後，成為社會賺錢主力的一代發現，實現階層跨越的難度變大了，晉升的通道變窄了，想要的東西變多了，但抗擊風險的能力依然很低。

雖然衣食無憂，但與理想的預期差距甚遠，用盡全力也只能維持看似體面、實則脆弱的現狀，並沒有質的改觀。「心窮」才是哭窮的真實心理狀態。

大浪淘沙，每個人都曾以為自己是真金，最後才醒悟自己只是泡沫，隨著風浪消散在人海中。所以與自己和解吧！用主動自我污名化的方式——**承認自己是個廢物，是個失敗者，不是命運的寵兒，不是天選之人，不是注定會先富起來的那批人，接受自己的無能和無助，接受自己的頹廢，把對自己的不滿和失望直接表達出來，只要先自我貶低，就沒有人能再傷害我了。**

努力了不一定能成功，但不努力一定會很輕鬆，不是嗎？相較於努力後的失敗，一邊自嘲一邊喪氣地活著，反而沒那麼令人絕望。如果哭窮的時候找到了組織，一起哀號完了還能感到些許安慰和治癒，更會讓人找到身分上的認同感——「原來我不是唯一的『廢柴』！」說出口的糟糕，就沒那麼糟糕了。

哭窮也是一種情緒調節

史丹佛大學教授詹姆斯．格羅斯（James Gross）研究情緒表達和生理、心理健康的關係。在他的情緒調節模型中，抑制表達定義為不健康的情緒表達方式；相對地，把情緒表達出來（即便是負性情緒，如焦慮），反而會獲得更好的結果。

實驗中，他要求測試者觀看一段讓人感到不舒服的影片（如截肢），並將測試者分為兩組：一組抑制自己的情緒表達，一組自由表達情緒，然後對他們進行了多種生理指標的測量（反應指標越高，代表情緒越強烈）。實驗結果顯示，雖然兩組人員號稱自己的情緒感受差不多，但事實上，情緒表達組的生理指標明顯更好。

我和鹿老師曾經做過一個略微有點缺心眼的小實驗。

一個下雪天，我們脫去外套在雪地裡走來走去，我們先是大喊「好冷啊，好冷啊」，然後我問她「感覺好點沒？」，她說「似乎好了那麼一點點」，我說「我也是」。

我們繼續穿著單衣，在雪地裡邊走邊喊「好熱呀，好熱呀」，我又問她「現在感覺怎麼樣？」，她說「這回感覺真的更冷了」，我說「我也是」。

有科學家做過類似的實驗，他們認為人在感到疼痛「喊疼」時，相關肌肉的運動就會對疼痛感的傳達產生干擾，從而增加人的耐痛力。

所以，哭窮的做法，就是將自己對財富達不到預期的焦慮喊出來，這也是一種情緒調節策略。當人把糟糕的感受喊出來之後，感受就沒那麼糟糕了。

炫富者急於將自己的成績公諸於世，求按讚數；哭窮者則是舉白旗向世界投降，求放過。炫富與哭窮乍看背道而馳，但其實二者常常是相輔相成，它們都是內心不安的產物，需

要透過喊出來的方式讓自己好受點。

如果炫富現象算是「雞湯文化」的一個派別，那麼哭窮現象則可以歸類為「喪文化」*下的一個分支。過度的「喪」令人喪失鬥志以及對生活的熱情，但**適度的「喪」反而有利於情緒調節。它讓人試著接受眼前的現實，從「心窮」的焦慮中暫時解脫出來，喘口氣歇一歇，不再承受苦求不得的煎熬。從這點來看，我們也不必把「哭窮厭世黨」視為墮落的一代。**

畢竟大部分人「喪」完後，還得爬起來繼續奔跑。

＊喪文化：是指青年群體當中帶有頹廢、絕望、悲觀等情緒色彩的語言、文字或圖畫，它是青年次文化的新形式。

本章重點

1. 雖然衣食無憂，但與理想的預期差距甚遠，用盡全力也只能維持看似體面、實則脆弱的現狀，並沒有質的改觀。「心窮」才是哭窮的真實心理狀態。
2. 哭窮的做法，就是將自己對財富達不到預期的焦慮喊出來，這也是一種情緒調節策略。

06

喜新厭舊　不在乎天長地久，只要曾經擁有

鹿老師一直是個特別喜歡扔東西的人，這種行為現在有個高大上的名詞叫作「斷捨離」。看著一包一包的舊物被清理掉，她表示神清氣爽的同時也提出了一個靈魂拷問：「為什麼我們總是會買很多沒用的東西？」

我說：「那我來採訪你，是什麼樣的初心驅使你買了這些東西呢？」她說：「因為購物的快樂，總是在銀貨兩訖的那一刻就達到了巔峰，真的開始使用之後，好像也不過如此。」

我說：「那你是怎麼走著走著就忘記了初心的呢？」她接著說：「譬如有些口紅，搽在女神的嘴上就是攝魂奪魄，讓我忍不住想要擁有同款，可是搽在自己的嘴上，我還是原來的我；有些衣服，剛買回來的時候覺得很美，可是穿過幾次之後就膩了，不想再穿了；

有些包包，看中它的時候，覺得這是我一定要擁有的夢幻逸品，但真的買回來之後，我覺得它和別款包包毫無差別，不會再給我帶來那種渴望感，甚至裝東西還不如帆布袋方便……」

快樂其實是大腦想像出來的

這些其實在心理學上都可以解釋。來自神經科學的研究，購物時多巴胺的分泌是在準備購買前逐漸累加的，到執行支付行為的那一刻達到頂峰，購物完成後多巴胺的分泌便一路下降，直至降到一個較為平穩的低點。

美國艾默里大學的神經科學和行為科學家格雷戈里．柏恩斯（Gregory Berns）在一篇消費行為學報導中曾說過：「看到一雙新鞋可以促使一個人大量分泌多巴胺，從而刺激她的購買欲望，而在購買行為完成後，多巴胺的濃度就會下降。」

有一個比較可靠的解釋是，消費前的快樂其實來自大腦的想像。譬如你在田園牧歌中看到農家女搖著竹扇、品飲荷花茶，會覺得自己也想搖扇品茗，成為隱世高人；你看到某件大衣穿在某個明星身上，就會想像如果它穿在自己身上，也會這樣走路帶風、霸氣外露；看到某海報中優雅慵懶的法國女郎戴著草帽和墨鏡，你會想像自己戴上後也可以擁有同樣的氣質和愜意……

人當然都是嚮往美好的，同款的美好生活、同款的優雅氣質很難實現，但是同款的物品則相對容易擁有，有時候我們會不自覺地把「那件物品」變成一個標誌和象徵，用想像的方式催眠自己——擁有同款商品就能擁有同款生活方式，很多廣告、行銷策略就是抓住了這種心理。

所以，購物前直至付款那一刻的快樂，很多時候只是自己想像出來的，而真正開始使用之後會發現自己的人生還是原來的樣子，這種快樂會隨著現實的提醒而逐漸消失。

消費品的邊際效益會遞減

「櫥窗裡那件非買不可的衣服，買回來穿了之後也不過如此。」這是消費品的特性——邊際效益是遞減的。

簡單來說，最初某個新奇刺激（如買了一條新裙子、吃了一頓好吃的大餐）使人的神經興奮，有了很高的滿足感，即產生了效用，但隨著同樣的刺激反覆進行（反覆使用同一件商品，同一件衣服穿了很多次；或是連續消費同一種物品，不斷去同一家餐廳消費），我們的神經興奮程度就會開始下降，這就是所謂的邊際效益遞減。

那麼邊際效用為何會遞減呢？**因為大多數消費品並不具備附加價值**。就像大家常說的，美麗的衣服會看膩，好看的家具會審美疲勞，這是因為它們本身並不具備特別的附加價值。為何我對 Switch（任天堂第九代遊戲機）不會膩？因為我可以用它裝載各種不同的、不斷更新換代的遊戲。為什麼你對愛看的書不會膩？因為每次閱讀都會產生新的感悟。**這些事物，它們具備的附加價值是一直在增加的，所以就不容易變成「沒用」的東西**。

鹿老師舉手說：「我知道了，很多時尚網紅教穿搭、教舊物改造、教你如何叫醒沉睡的衣櫥，其實也是透過一些小變化來增加這類單品的附加價值。」沒錯，就是這樣。

得不到的永遠在騷動

一定要擁有「夢幻逸品」的包包，買到手之後覺得還不如帆布袋好用。**這就涉及我們非常可惡的特性了——得不到的永遠在騷動**。**因為我們的評價體系會隨時間改變，也會隨著狀態而變化**。簡單來說，在得到某件物品之前，我們的注意力會聚焦在它積極的面向，會思考沒有了它將會有哪些壞處，有了它將會發揮哪些作用。而當我們擁有它之後，注意力會逐漸集中到它的缺點上，慢慢地開始挑剔，覺得它也有不如其他同類產品的地方。譬如未擁有包包前，你會愛慕它的華麗和高貴，買到手之後。又會嫌它不如帆布袋結實和容量大。

先購物，再斷捨離，這種消費心理是個陷阱，但同時也是人之常情。不斷購物，又不斷扔東西的不是你一個人，只要消費沒有超出自己的負擔能力，其實沒有必要因此自責。

聰明購物——釋放壓力得到快樂

購物本來就是情緒調節的一種策略。當你有壓力的時候，它能夠讓你的注意力從壓力事件中轉移出來，將你從不確定的煩躁中拖出來，集中在當下這個「擁有」的瞬間。對某些人來說，**斷捨離也是一種情緒調節的手段，先購物，再扔掉不必要的物品，這樣就獲得了雙倍的快樂**。

所以，**接納正常範圍內的購買和斷捨離本來就是人生的常態，不需要改變；唯一需要改變的就是努力賺錢，讓自己的能力匹配得上自己的欲望**。

一、理性購物

鹿老師有一次對我說：「我好想買雲朵包。」我問她：「你問問自己為什麼想買，只要想明白了就買。」過了一晚她告訴我：「因為我看到某位超模拿著雲朵包，又美又酷。

我想像自己用了也會變成那樣，但今天突然意識到，我可能並不是覺得這個包美，而是覺得超模美……我就算花很多錢買了這個包，我還是我，不會變成超模……」我欣慰地笑了。

二、購買經典款式

我所說的接納購物狂和斷捨離的消費模式，其實主要是針對一些比較便宜的物品，扔了買新的就行，對生活不會造成太大影響。但如果是一些昂貴的消費品，要扔掉它可能就沒那麼容易了。

如果是缺乏附加價值的消費品，但價格又相對較貴，並不容易更新替換。這種情境下，建議最好購買經典款式，即被大眾眼光驗證了品質好、不易過時、不易審美疲勞的產品。而一些當下看起來很美的潮牌，一兩年後可能就過時了，這類物品就不值得花太多錢去購買。

三、斷捨離的必要性

斷捨離看起來是在浪費，其實它是一個釐清自己需要什麼、不需要什麼的過程。沒有扔掉舊物時痛徹心扉的痛，就不會明白「這件物品我是真的不需要」。如果不明白自己不需要什麼，就容易購買無意義且用不到的東西。多扔幾次，無意義消費就會大幅減少，不容易再衝動消費與跟風消費，從而在自己的審美範圍與經濟能力範圍內，選擇真正喜歡的東西。

本章重點

1. 消費前的快樂其實來自大腦的想像。購物時多巴胺的分泌是在準備購買前逐漸累加的，到執行支付行為的那一刻達到頂峰，購物完成後多巴胺的分泌便一路下降，直至降到一個較為平穩的低點。
2. 消費品的特性——邊際效益是遞減的。
3. 接納正常範圍內的購買和斷捨離本來就是人生的常態，不需要改變；唯一需要改變的就是努力賺錢，讓自己的能力匹配得上自己的欲望。
4. 理性購物、購買經典款式、斷捨離，在自己的審美範圍與經濟能力範圍內，選擇真正喜歡的東西。

07

囤物癖　不合理的物資焦慮

囤積物品，讓我們產生安全感、滿足感和富庶感，幫助我們對抗物資不足的擔憂和焦慮。

我和鹿老師在生活習慣上有個小衝突：我喜歡保留暫時用不上的閒置物品，而她喜歡定期清理舊物。我會把曾經擁有過的東西都保留下來，把家裡塞得滿滿的，一想到要扔掉它們就會心疼甚至恐慌，「萬一以後還能用得上呢！」而她則會定期扔掉家裡的舊物及閒置物品，並表示：「我一看到家裡堆滿了東西就無比焦慮和煩躁，我喜歡家裡空曠而整潔，不能容忍雜物出現在我眼前。」

生活在同一個屋檐下，兩個人的差異就這麼大！為什麼有些人喜歡斷捨離，而有些人就是有囤物癖呢？

囤物癖——對抗物資不足的焦慮

從進化的角度來看，幾乎所有動物都有囤積的習慣。尤其是在覓食困難的環境（如沙漠地區）或是某些時間段（如冬季），囤積是非常重要的求生手段。

人類也不例外，尤其是在過去儲存條件有限的情況下，我們會有冬天醃鹹菜、醃蘿蔔乾、灌香腸、風乾雞鴨的習慣，所以才會有「手中有糧，心裡不慌」的老話。**囤積物品，讓我們產生安全感、滿足感和富庶感，幫助我們對抗物資不足的擔憂和焦慮**。

但話又說回來，很多人並不是單純囤積糧食等生活必需品，而是幾乎什麼都囤，甚至囤積常人看來應該是垃圾的東西——壞掉的家具部件、廢舊工具零件、廢棄金屬、廢棄電器部件等；購物袋、瓶瓶罐罐、紙盒紙箱等；用完的筆、舊說明書、舊報紙雜誌、舊硬碟、舊衣服、甚至是已經不新鮮的食物等。

每個人或多或少都會有囤積傾向，但是如果達到了一種非必需的、超出合理範圍的，甚至是有點極端的程度，就可以算是一種心理疾病了。

根據美國《精神疾病診斷與統計手冊》的標準，這些行為可能是一種心理障礙，學名叫作強迫性囤積。這種囤積癖好往往和不合理的焦慮有關：「萬一這個東西有用呢！」「如果扔掉了，可能會有不好的事情發生。」

雖然在常人看來，這些東西不會再起作用，或者需要用的時候再買就行了，但在囤物癖者眼中，捨棄這些物品是非常令人身心不安的事情，總覺得「扔了就會用到」、「用的時候就很難再買到」。

這種極端的囤物癖，也有可能和腦損傷有關。有神經心理學家發現，這種病態的收集癖是大腦機制損傷，例如二〇〇五年在《大腦》雜誌上發表的一篇文章就指出，某些病人在前額葉受損後會出現囤物的情況，他們損傷的部位主要是內側和下側前額葉。

這麼說來，囤物強迫症也是一種疾病，需要治療嗎？從心理學的角度來看，某種行為只要沒有對自己、對他人、對社會造成不好的影響，那就不用治療。在很多有囤積習慣的人（譬如我）看來，囤貨是一件自得其樂的事情，何必要改呢？

極簡主義的生活——斷捨離

與囤積癖相對立的，是斷捨離式的極簡主義生活方式。極簡主義的定義很廣，原本來自藝術設計和美學，後來慢慢拓展到了生活方式上，變成一種生活哲學和價值觀。這種生活方式的興起也和十九世紀經濟發展導致的物質主義有關。為了對抗物質主義帶來的崇尚奢靡、物欲至上等種種弊端，提倡環保、簡約、回歸本質的極簡主義又興起了。

美國作家亨利·大衛·梭羅的《湖濱散記》這部作品就很好地反映了極簡主義的一些思想：生活簡化（生活必需品而非標籤化的奢侈品）；衣著簡化（滿足保暖、蔽體的本質需求）；心理需求簡化（關注自己的內心需求）。

研究發現，這種給生活減法的簡約生活方式，對人的身心健康大有裨益。我們這裡主要談的是極簡主義的一種表現形式，訴諸斷捨離的行為，這對身心健康有益處，能提升生活滿意度，主要可能來自它對三個心理需求的滿足：

一、減輕認知負擔

斷捨離看起來是在扔東西，看是浪費，但其實是在整合。如果家裡東西堆得太多，好的壞的、新的舊的、有用的沒用的都混在一起，很多時候有用的東西被一堆雜物淹沒了，又會浪費錢再去買新的，導致家裡相同的東西重複出現，例如，同樣的牛仔褲、同樣的保溫杯、同樣的護膚品等。

而且家裡東西多了，不僅在無形中增加花費，還會佔用認知資源，因為你需要花費很多時間和精力去整理、收納、分辨、回憶和查找。

當家裡物品少了，經常使用的東西就放在幾個固定的地方，取用的時候往往一目了然，那麼整理和查找這類事務對大腦的庫存佔用就會很少。

二、釐清內心真實的需求

對物質的捨棄會讓人更接近真實的內心，看清人、事、物的本質。事實上，我們真正需要的物品並不多，擁有物品和獲得幸福之間並沒有那麼緊密的聯繫。多扔幾次，再遇到說得天花亂墜的商家宣傳，再想衝動消費或者跟風消費的時候，就容易冷靜下來，理智地選擇那些自己真正喜歡與需要的東西。

鹿老師說：「我曾致力於將你打造成一個時尚型男，但是，把那些你不愛穿的、不適合穿的、閒置許久的衣服、褲子、鞋子統統扔了後，我明白了，你是真的不願意當型男！真的不需要那些花稍的衣服。而我對你的認可和欣賞，也並不來自你的穿搭有多麼時尚。」

後來，她就不再給我買那些價格昂貴、華而不實的服裝了，只要舒服、得體即可，在我的衣著上將簡化做到極致，讓衣物回歸到「滿足保溫和蔽體需求」的本源上。

其實不光物品如此，審視一下生活，也是如此。無意義的社交、可有可無的投入、雖然不是理想選擇但「也許有用」的各種證書，捨棄掉這些並不真正需要的欲望，反而更能關照自己真實的需求。

三、把精力用在值得的事情上

當斷捨離到一定程度，你會發現，不僅家裡變得更整潔了，生活也會變得更輕鬆和更方便。

把地面上的地毯等雜物和裝飾物清理之後，掃地機器人就變得非常適用（一覽無遺的地面上，掃地機器人不會被障礙物卡住）；把櫃子裡的各種旅遊紀念品、小裝飾、絨毛玩具扔掉之後，就省去了很多收納和除塵的工作；包包變少之後，就不會把時間用在各種翻包、思索尋找「我的鑰匙和證件在哪個包包裡」的事情上；衣服只留下趨近同色系、同材質的，這樣就免去了搭配、分開洗，甚至送去乾洗的煩惱。

只留下當下用得上的、喜歡的東西，所有舊了、髒了、壞了、過期了、閒置的、不再喜歡的全部處理掉；將書籍之類的都變成電子書，也可以減少家中的收納；功能雷同或相似的物品只留一件，譬如一塊香皂可以同時用於洗臉、洗手、洗澡等；囤貨只留下保存期限較長的日常消耗品，如紙巾、垃圾袋等。這樣一來，家裡空間變大了，家務負擔變輕了，出門時間變短了，空閒時間變多了，我們就可以將多出來的空間和時間用在更值得做、更能讓自己感到快樂的事情上，如看書學習、養魚種花，和伴侶、朋友交流，親子陪伴等等。

另外，澳洲墨爾本大學的萊特（Judith Wright）等人的研究也發現，極簡主義的生活方式可以給人帶來以下方面的提升。

1. **自主性的提升**：這是最重要的一個好處，極簡的生活讓你感到生活更加處於有條不紊的掌控之中，從而體驗到更加強烈的自主感。
2. **能力的提升**：一方面，極簡的生活其實對於自律、自控的要求很高，也是對自己能力的一種肯定；另一方面，極簡狀態下的認知負擔減少了，對提升自我效能也有幫助。
3. **人際互動性的提升**：有更多時間去和生命中重要的「人」連結，而不是和生活中的「物」較勁。

不過大家也要注意，這種極簡主義有個限定主詞——主動。只有主動進行的斷捨離才能帶來這樣的好處，被動的斷捨離則不一定。就如同自我決定論的要求一樣，這種行為必須有一種主動性，如果逼著一個囤物癖去斷捨離，他會感到加倍的焦慮。

本章重點

1. 囤積物品，讓我們產生安全感、滿足感和富庶感，幫助我們對抗物資不足的擔憂和焦慮。
2. 某些病人在前額葉受損後會出現囤物的情況，他們損傷的部位主要是內側和下側前額葉。
3. 斷捨離式的極簡主義生活方式，三個心理需求的滿足：減輕認知負擔、釐清內心真實的需求、把精力用在值得的事情上。

08

宅男女 內在動機的決定

社會連結性的缺失可能帶來嚴重的生理、心理問題，包括身體健康指數的下降、產生憂鬱、焦慮等問題。

你有沒有這樣一種感覺：本來你拿出課本，準備認真讀書，可是媽媽突然推門進來命令你趕緊看書，你突然就不想看了。這種叛逆心理，在新冠肺炎疫情期間體現得淋漓盡致。

我和鹿老師都很懶很宅，不愛出門，倒個垃圾也能互相推諉；快遞包裹可能在自領櫃裡滯留好幾天，取件提醒訊息收到好幾個，也沒人處理。孩子暑假不在身邊時，我們兩個可以窩在沙發上，一個星期都不出門。

但是新冠肺炎疫情發生的這幾年，情況就不同了，有一陣子我家發生了一個奇妙的現象：一個快遞電話來了，個個都爭著出門取件；出門倒垃圾也變勤快了，以致家裡垃圾的產生速度都跟不上倒垃圾的速度。

原本這麼宅的一家人，在可以名正言順地「宅」著的日子裡，怎麼倒異常勤快起來，一個個急切地想要擁抱大自然、擁抱戶外了呢？

這樣的行為首先可以使用德西（Edward Deci）和瑞恩（Richard Ryan）提出的自我決定理論（Self-Determination Theory，簡稱ＳＤＴ）來解釋：**自我決定理論認為每個人本質上是有主觀能動性的，即有「自我發展」和「自我實現」的內部動機，而且這樣的動機對每個人都很重要。**

主動與被動選擇的體驗完全不同

自我決定理論認為人有三種基本的心理需求：自主需求、勝任需求（也被稱為能力需求）和歸屬需求。自主需求是人類最基本、最重要的心理需求，也就是說，我們需要對自己的行為有選擇權和決定權。如果做一件事不是出於自願，而是迫於外界壓力不得不做，我們就會缺乏內在動機，很難從中獲得快樂。

本篇文章開始的那個場景，很多人一定經歷過，學習的想法被媽媽一聲呵斥徹底擊碎。這就是因為，**如果我們相信自己是有選擇的，就會獲得控制感、掌控感，而不會產生無助**

感、被迫感，從而獲得主觀能動性。相反，如果一個人別無選擇，那麼他就會失去行動力和主觀能動性，變得消極和被動。人們會本能地對不得不做的事情產生反感和抵觸情緒，就是因為完全失去了對局面的掌控和主導。

回到「宅」的話題上，「我喜歡宅在家裡」滿足的是我的自主性需求，因為這種情況下的外部環境是「只要我想出去，我就能出去」，所以宅在家裡是我自主自願的選擇。

而新冠肺炎疫情期間居家隔離的情況是「就算想出去，我也出不去」，當外部選擇被取消後，原有的平衡就被打破。此時的「宅」不再是自主選擇，而是不得不做的事情，無法滿足個人的自主需求。因此，**在此期間宅在家的理由完全是由外部環境決定，從「我要宅」變成了「要我宅」，個人的體驗與感受是完全不一樣的。**

自我決定論對教育者和家長的啟示

說到底，個人動機非常重要。這也給教育者和家長提供了一些啟示。例如，孩子本來學習興致挺高的，但是父母坐在他面前神色凝重地監視他，他就會產生厭惡和反抗情緒。如果家長想讓孩子主動去做某件事，需要做的不是跟在他後面嘮叨和監督，而是設法找出在這件事中孩子的動機。

我記得某位明星講過他小時候的一件事：他上學時經常遲到，老師批評說教了很多次也改不了。有一位老師沒有罵也沒有說，隻字不提遲到的事，只交給了他一項任務——每天早上幫忙給班級窗台上的小花澆水。他覺得這是一件重要又光榮的任務，為了不耽誤澆花，他每天都起得很早。長大後他才意識到：從被安排澆花任務後，他再也沒有遲到過。

我也有過這樣的經歷。我家孩子和我一樣非常宅，不愛出門。為了讓他能走出戶外，我們給他買了一隻寵物龜，並且將遛烏龜的任務交給他。後來他每天時間一到就會主動提醒我們：「該出去遛烏龜了。」

所以，從自我決定論的角度來說，應該多偏重內部動機的培養，讓孩子去做自己真正感興趣的事，而不是透過施加外部動機來控制他們的行為，最好是把「要我學」變成「我要學」。

社會隔絕後更渴望社交

疫情間的居家隔離讓人難以接受，還和社會連接性的缺乏或者社會隔絕有關。社會隔絕在心理學測量中主要使用的幾個指標有：是否獨居、是否與家人朋友缺乏聯繫、是否參與各種社會活動等等。很多研究發現，**社會連結性的缺失可能帶來嚴重的生理、心理問題，包括**

身體健康指數的下降、產生憂鬱、焦慮等問題。

對大部分人來說，長期的社會隔絕會讓人對社交產生格外的渴望。例如疫情期間「火鍋」、「奶茶」這樣的詞彙多次上過熱搜。大家對它們如此渴望，就是因為吃火鍋、喝奶茶往往伴隨著社交行為，表示對朋友聚餐、閨密下午茶的渴望。因此「我要在隔離解除之後買一雙鞋墊」這樣的話題很難上熱搜，因為鞋墊放在鞋子裡別人也看不見，要買的話也只可能是生活需求，而非社交需求。

社會隔絕之所以會導致憂鬱、焦慮、健康下滑的後果，可能在於社會連結會促使一個人更加願意對自己的行為進行正面調節。例如，一個人如果要出門社交，可能就會注意儀容打扮，注意體重控制，注意吸收新知與人交流等等；如果不需要社交，就沒有這方面的動機了。

當然，如果一個人獨居、沒朋友、不參與社會活動，但是他很自律，每天回到家裡洗衣、做飯、打掃清潔、健身讀書、早睡早起，那麼他的身心健康程度可能是很高，但大部分的人或者某群人在社交隔絕的情況下不能好好生活，因為缺乏他人目光的監督時，容易失去生活狀態的平衡。

說到這裡，可能有同學會問，我和朋友也可以透過網路互動連結啊，為什麼還是需要出門社交呢？其實這也是在關於社會連結性的研究中頗有爭議的問題，即網路是增加或是降低我們的社會連結性？

二〇一六年，一篇關於青少年的網路使用和社會連結性的綜述發現，一方面，網路的出現和使用確實可以在一定程度上提高青少年和朋友的社會連結，但另一方面，網路卻降低了他們和家人的連結。更重要的發現是，網路的出現對於青少年的影響，並沒有出現預期中的「由於增加社會連結而降低了孤獨感、焦慮或是憂鬱」的效應。

因此這也提醒我們，網路雖好，但現實世界更重要。大家千萬不要沉迷於網路的虛擬世界，應該多接觸現實社會，培養自己的社交技能，才能獲得自己需要的社會連結、人際互動。

本章重點

1. 自我決定理論：相信自己是有選擇的，就會獲得控制感、掌控感，而不會產生無助感、被迫感，從而獲得主觀能動性。相反，如果一個人別無選擇，那麼他就會失去行動力和主觀能動性，變得消極和被動。

2. 社會隔絕會導致憂鬱、焦慮、健康下滑的後果，在於社會連結會促使一個人更加願意對自己的行為進行正面調節。

3. 網路的出現和使用，一定程度上提高青少年和朋友的社會連結，但另一方面，網路卻降低了他們和家人的連結。

09

衰神上身　好事永遠不會發生

不論是悲觀主義者還是樂觀主義者的自我求證，其實都是自我神化的表現之一，即我們會高估自己對事件的影響，高估自己的作用，會認為這個世界上的萬事萬物、種種因果，都是自己的某個舉動引起的。

「為什麼我越想做好某件事，它就越往壞的方向發展？」很多事情，你越是往好的方向去預期，越關注它，結果就越容易事與願違。當你在心裡自我暗示「我並沒有在關注它」，反而會有一個不錯的結果。

有學生告訴我，他大考結束後分數公布前，從來不敢憧憬和幻想自己考上心儀的大學，生怕自己想多了，反而不會實現。這樣的心態非常普遍，對此好奇的朋友希望我能解答其中的原因。

悲觀者的情緒記憶

根據一個人的歸因風格，人格心理學將人分為樂觀主義者和悲觀主義者。**樂觀主義者總是能使用積極的情緒策略和歸因策略，甚至只關注並放大事物中的積極因素，而忽視消極因素。**他們會將最大化的正面因素作為自己行為和決定的衡量標準（只要這件事情有好處，那就去做），而看不到事物壞的一面（我覺得這些壞事不會發生在我身上）。

悲觀主義者正好相反，他們只能看到並放大事情的消極面，忽略其中的積極因素，因此會將最大化的負面因素作為自己逃避某個行為或決定的衡量標準（只要這件事有壞處，那就不做。他們會無限放大這個壞處，覺得這個壞處會帶來災難性的後果），而看不到事情好的一面（我覺得這種好運輪不到我）。

同時，**悲觀主義者還有一個典型特徵，就是他們非常擅長調動消極的情緒記憶，自動忽略積極的情緒記憶。**就拿觀看奧運來說，一個悲觀主義者會自動過濾那些贏得比賽的記憶，記住那些輸掉比賽的記憶，因此形成「只要我看過的比賽就一定會輸」的執念。

非常典型的案例就發生在我家：我和鹿老師看的明明是一樣的比賽，但她總覺得自己一看比賽就會輸，而我這樣的樂觀派就覺得自己看的比賽中，運動員一直在奪冠。

同理，悲觀主義者在工作期間「摸魚」，就會產生「只要我一偷懶，就會被老闆發現」這樣的「倒楣蛋思維」。而一個樂觀主義者在「摸魚」的時候，總是理直氣壯，覺得「老闆不會發現我」。

回到本文開頭的情境中，悲觀的大考考生會自我暗示「我不能想好事，我不該做美夢，想了就不靈了」，而樂觀的考生則會認為「我會成功的，提前憧憬一下有何不可」。

確認偏差

確認偏差也叫作「自我求證」。這種心理主要表現為以確認個人預設的假設為前提進行的訊息的搜索、解釋、關注以及記憶的一種趨勢。

假設某社會新聞中網友堅信某人是犯罪嫌疑人，他們總能找到種種蛛絲馬跡來佐證他們的猜測。就算最後警方公告，解除了這個人的犯罪嫌疑，大部分人也不會相信，反而去尋求更多的證據來證實自己的想法，或者認為「警方偵查能力有限」，或者因此產生各種陰謀論。這就是這類人用來確認自己的預設正確的「證據」。

如果一個人預先持有了「我一想好事就會倒楣」的信念，認為自己是個「不吉利」之

人，那麼他就會蒐羅各種各樣的證據，以證實自己的「不幸運」。即使有「好運」的事情發生在他身上，他也會告訴自己這是假的，是幻覺。譬如，那些憧憬過後實現了的美夢，他可能會解釋為「偶然」、「巧合」、「不正常發揮」，甚至直接從記憶裡過濾掉。

自我神化

不論是悲觀主義者還是樂觀主義者的自我求證，其實都是自我神化的表現之一，即我們會高估自己對事件的影響，高估自己的作用，會認為這個世界上的萬事萬物、種種因果，都是自己的某個舉動引起的。

自我神化往往較多地發生在青少年身上，當然，中年人也會有。這是一種「所有事情皆因我而起」的心態，**把別人的行為和結果都歸結於自己（尤其是錯誤的、不好的結果），這不僅是一種將自己神化的錯誤認知，也是很多人痛苦的根源**。

大家可以從中照見自己平時的歸因風格，觀照一下自己的內心：平時是不是有點處事悲觀，做決定畏首畏尾，總將團隊的失敗攬到自己身上，遇到事情總往壞的方面想，不相信好運會降臨在自己頭上……如果有，不妨就從踏踏實實看好以後的比賽開始，做出第一步小小的改變——放心，選手拿不拿金牌，與你看不看比賽真的無關。

本章重點

1. 樂觀主義者總是能使用積極的情緒策略和歸因策略，甚至只關注並放大事物中的積極因素，而忽視消極因素。悲觀主義者的典型特徵，就是他們非常擅長調動消極的情緒記憶，自動忽略積極的情緒記憶。

2. 確認偏差：如果一個人預先持有了「我一想好事就會倒楣」的信念，認為自己是個「不吉利」之人，那麼他就會蒐羅各種各樣的證據，以證實自己的「不幸運」。

3. 自我神化：高估自己對事件的影響，高估自己的作用，會認為這個世界上的萬事萬物、種種因果，都是自己的某個舉動引起的。

10

反話高手　悲觀主義與防禦性悲觀主義

他們會預想每一件可能出錯的事情，估計每一種可能失利的結局。在經歷了一次又一次的成功之後，只要一想到即將面臨的考試或其他新挑戰，他們還是會害怕失敗，並且伴隨緊張、焦慮、悲觀、煩躁的情緒。

有人說，很多學霸都喜歡說反話，總說自己沒複習好，總說自己沒考好，總說自己就是隨便考著玩玩，可是成績一出來，我們會發現考得最好的就是他們！這裡我要從心理學的角度為他們爭辯幾句。為什麼他們說話總是這麼表裡不一？

自我認知偏差

心理學家大衛・鄧寧（David Dunning）與賈斯汀・克魯格（Justin Kruger）於一九九九年發表了一篇文章《為什麼越無知的人越自信》。在這篇文獻中，**心理學家發現人們普遍存在一種認知偏差，即越是能力差的人，越容易高估自己的能力，而能力高的人卻容易低估自己的程度**。這個現象被稱為「達克效應」（也被稱為「鄧寧－克魯格效應」〔Dunning-Kruger effect〕），即越是認知能力不足的人，越容易高估自己的能力，因為他們缺乏正確認知事物的能力，因此常常認為自己正確而別人錯誤，所以往往高估自己而低估別人。

當我們的認知能力還不夠成熟時，往往會處在一個「我不知道自己不知道」的自信高峰，而當我們開始自我懷疑時，恰恰說明我們的認知能力已經向前邁進一大步了，也就是進入了「我知道自己不知道」的自信低谷。經過一段時間的自我整合之後，又會重新進入「我知道自己知道」的自我融洽狀態。

一個人經過了自我懷疑階段，就會進入自我整合階段，整合好了就可以邁入下一個階段——自我昇華。所以，當你認為自己不行的時候，其實是好事，說明你要成長了。

因為能力差的人缺乏正確認知事物的能力，甚至缺乏分辨對錯和優劣的能力，基於此，他們常常認為自己正確而別人錯誤（但事實正相反），以致會低估別人而高估自己。

與之相反，能力強的人雖然對自己有個準確的認知，但是他們往往又會高估其他人的表現，從而以為自己的表現不如其他人好。譬如學霸可能真的以為他懂的你也懂，他複習的你一定也複習了，而他犯的低級錯誤你肯定不會犯……所以他說自己沒複習、沒準備、隨便考、沒考好，這是他的真心話。

防禦性悲觀主義

有些人嘴上總說自己不行，實際上最後表現都不錯。說這些話看似很討人厭，但他們也可能是防禦性悲觀主義者。

防禦性悲觀主義者就是說一個人對自己做某事成功的期望值低於實際程度。即便他過去在這件事情上已經反覆取得成功，可再次面臨相似的挑戰時，他仍然會產生與實際情況不符的低預期。**他會反覆思考各種壞結果，並對可能的消極後果產生真心的擔憂和悲觀，為此採取防禦措施**。

雖然學霸已經考過很多次第一名了，但是再考試時，他還是覺得自己會發揮失常，會考砸。又譬如某個成功的球員，雖然已經贏得很多次比賽，但在每一次比賽之前，他還是會悲觀、焦慮、緊張，總擔心自己會因為種種原因而失利。

他們會預想每一件可能出錯的事情，估計每一種可能失利的結局。在經歷了一次又一次的成功之後，只要一想到即將到面臨考試或其他新挑戰，他們還是會害怕失敗，並且伴隨緊張、焦慮、悲觀、煩躁的情緒。

但防禦性悲觀主義者和真正的悲觀者又不同，因為他們會防禦！

真正的悲觀者會認為：反正我做不好，那就不努力了，甚至還可能出現自我阻礙的思維和行為。例如，「這次考試對我來說太難了，反正也考不好，乾脆不複習了，去玩遊戲吧，真沒考好的話，我還有理由——因為沒好好複習」。這種自己找理由不努力的思維方式和行為模式，就叫作「自我阻礙」。

防禦性悲觀主義者則會為了應對他預期中的失敗結果而採取各種應對策略，以確保萬無一失。想像中失敗的可能性反而會讓他們更加努力，所以防禦性悲觀主義者往往能取得更大的成功。

所以當學霸說他沒複習好，說他就是隨便考，說自己這次考得不好，他可能只是在防禦性的悲觀，你也別當真，人家渾身的細胞其實都已經處於備戰狀態，在為可能出現的各種危機和挑戰做萬全準備。

最後，我呼籲大家以一顆平常心正確面對別人的「反話」。退一步講，就算他們是真的在說反話，我們也不該以別人是否努力來決定自己是否要努力。別人說他沒有好好學，那我們就真的也不好好學了嗎？他說他就是隨便應付工作，肯定沒有好績效，我們就選擇應卯了事嗎？父母激勵我們的時候，我們是不是也這麼聽話呢？所以不要為自己預期的失敗找藉口，否則便是落入自我阻礙和不努力的陷阱了。

本章重點

1. 達克效應：心理學家發現人們普遍存在一種認知偏差，即越是能力差的人，越是容易高估自己的能力，而能力高的人卻容易低估自己的程度。
2. 防禦性悲觀主義者：就是說一個人對自己做某事成功的期望值低於實際程度。即便他過去在這件事情上已經反覆取得成功，可再次面臨相似的挑戰時，他仍然會產生與實際情況不符的低預期。想像中失敗的可能性反而會讓他們更加努力，所以防禦性悲觀主義者往往能取得更大的成功。

我們的社會文化，對心理問題存在兩種極端的理解。一種是認為心理疾病屬於無病呻吟，心理問題根本就不是問題，不值得關注，這導致很多求助者產生自我懷疑，延長了自省之路。另一種就是認為心理疾病屬於大腦有問題，是「瘋了」，這種偏見讓一些有困擾的人產生強烈的病恥感，因此堅決否認自己所處的困境，也拒絕求助。

其實，生活中誰沒有一些情緒上的問題呢？誰沒有過一點焦慮、憂鬱、拖延呢？誰又不曾有過「社交恐懼症」、「電話恐懼症」、「晚睡強迫症」、「遲到強迫症」等奇奇怪怪的症頭呢？我們應該做的是正視、接納，與之和諧共處，而非否定、無視，將問題妖魔化，甚至將遇到問題的人妖魔化。

PART 2

別怕，我們都是奇怪的人

提升病識感

何為正視、接納？曾有一位個案告訴我：「自從我知道自己有焦慮症後，我就不焦慮了。因為我以前總以為自己過不去那道坎，是那件事太大了，但現在我突然明白了，不是那件事太龐大，而是因為我有焦慮症！既然事件本身不大，我就突然覺得自己好像沒有焦慮的必要了。」

如果上述這段話，你現在還不是很能體會，那也沒關係，在這個篇章中，你可以看到我們都是「奇怪」的人，我們都有「奇怪」的狀況，當你瞭解了這些都是怎麼回事後，它們也就不再需要在意了。

01

控制焦慮　重回生活正軌

我們要明白問題的來源。
當我們發現了人生的失控來自焦慮，而焦慮又來自更早一層的失控，
那我們就要尋找自己最初失去控制感的根源。

「為什麼我越焦慮越提不起精神去上學或是工作呢？」

很多人都有這樣的感覺：自己極度不自律，總是在毫無意義地浪費時間，毫無收穫地透支自己。每天無所事事，晚上熬夜看劇，早上起不來；生活漫無目的，想做點有意義的事情又打不起精神，無限拖延；覺得自己頹廢，不想動，日子過得很失敗。

有時想靜下心來看一本書，或者去上課學習、健身，但總是堅持不了多久又去玩手機了。不然就三天打魚，兩天曬網，毫無自制力，總是用看影片、玩遊戲來逃避任務。但在

這種沮喪和焦慮的情緒下，玩也玩得不踏實，可就算玩得這麼痛苦，也不想要行動起來。

就這麼一直困在焦慮的情緒裡反反覆覆，之後又會因為自己的不自律而悔恨不已，負面情緒累積到一定程度後直接自暴自棄。

上述的這些情況是非常具有代表性的，因為有很多朋友都向我提出過類似的困惑。在本節中，我為大家剖析和解答這些困惑背後的心理學因素，希望可以幫助有需要的人。

越焦慮越不想動的惡性循環

我們知道，適當的焦慮和壓力會變成動力，激發腎上腺素上升，從而使人保持高度的覺醒狀態，讓人幹勁十足。譬如有的人越是臨近交稿截止日期，就越文思泉湧、靈感爆發，撰起文來事半功倍。

但如果我們長期承受巨大的焦慮和壓力，會導致腎上腺素大量堆積，這反過來會損害我們的神經系統，讓人失去動力和活力。如果你的認知能量都被調去處理焦慮了，又怎麼有餘力去思考和學習呢？怎麼有精神去做那些需要花費大量精力才能完成的事呢？

這就是為什麼有的人越是知道自己有一大堆事情需要去做，越會為自己找種種理由去拖延；越想到自己一事無成，該去做點什麼，就越提不起精神來，什麼事情都不願意做，只願意躺在家裡，渾渾噩噩。

在這種消極的生活狀態下，你會覺得自己處於病態，會悔恨自己虛度光陰，會懊惱自己一事無成。這麼一想，你的壓力就更大了，焦慮甚至憂鬱情緒更加嚴重，從而加重渾渾噩噩的狀態，由此進入惡性循環。

越無所事事就越容易好吃懶做

當你正在做的事情或正在經歷的狀態（一事無成、碌碌無為）讓你失去了控制感，控制感的降低會進一步導致焦慮感的上升，因此你就更需要透過熬夜看劇、玩手機、玩遊戲、暴飲暴食來逃避這種挫敗感和壓力。

我們的大腦通常會有兩種處理難題的方式，一種是情緒導向的解決方式，另一種是問題導向的解決方式。前者注重的是緩解焦慮情緒本身，譬如考試成績不理想，就透過購物、吃甜食、看喜劇、對他人傾訴等方式來化解情緒問題；後者則透過解決引發焦慮的問題來緩解情緒，譬如發現自己考得不好，就分析哪裡沒學好，哪裡需要加強練習，下次如何避免等等。

看劇、打遊戲、玩手機、暴飲暴食等行為都屬於情緒導向的解決方式，是比較輕鬆、簡單、可被控制的方式，能讓人獲得短暫的滿足感、愉悅感、成就感和控制感。成功很難，努力很難，但是看電視、吃零食卻很簡單。

情緒導向的解決方式當然也有優點，譬如見效快，具有易得性，不良情緒很可能會立刻得到緩解；弊端是治標不治本，在獲得短暫的治癒之後，可能會產生更大的焦慮。因為這樣的解決方式並沒有實質地解決問題，反而還有可能讓人覺得錢花多了、人吃胖了，以及產生荒廢感和空虛感等更強烈的副作用。

問題導向的解決方式其優點當然是治本，但困難在於有些正在困擾我們的問題本身就很難解決。

找到問題來源　擺脫渾渾噩噩的狀態

我們要明白問題的來源。當我們發現人生的失控來自焦慮，而焦慮又來自更早一層的失控，那我們就要尋找自己最初失去控制感的根源。

譬如，最初失去控制感是因為沒有找到理想的工作，事業上的失控感導致焦慮，焦慮又進一步導致生活狀態甚至整個人生完全失控。

發現了根源，我們就會明白自己為什麼會失控：是不是一下子把目標設定得太高了？

是不是突然間要做的事情太多了？我經常講一個很重要的觀點：目標不宜訂得太高。目標固然很重要，但是如果目標一下子訂得過高，很可能因為無法得到及時的正向回饋而導致原動力不足。

如果目標訂得太高，你付出了很多努力還是實現不了，那麼你的控制感肯定會降低，挫敗感一定會激增，然後很容易落入「焦慮進而頹廢」的陷阱。

如果是這樣，**你不妨先設定一個比較容易實現的小目標，把一個大目標分成一個個小目標，分階段、分難度等級，從簡單的開始執行，讓自己重新獲得成就感。在一個個小小的成就感累積起來之後，你就能從中獲得控制感，從而降低焦慮感，你的狀態就會慢慢進入健康的良性循環，生活也會逐步重回正軌。**

我總結了幾項具體的操作建議，大家可以根據自己的情況來調適。

一、安排自己做家務

洗碗、掃地、擦桌子，是絕大多數有自理能力的成年人都可以做到的。這些活動都不難，卻可以讓自己每天身處的環境煥然一新，是比較容易獲得成就感的做法。

想要進一步提升的，可以精進廚藝。創作並享用美食的過程，也能大大增加愉悅感，而且做菜做飯是一種當下就能立即得到正向回饋的活動。

二、量力而行的健身鍛鍊

運動對身心健康的好處不必多說，譬如增加多巴胺，增強體質。我的建議是，你未必需要馬上去辦一張健身卡，買一堆健身器材或是準備一套運動服裝。倒不是因為上述這些操作花費較高，而是它們意味著你將要進行的鍛鍊是比較專業、難度較高的。

如果你在運動方面有一定基礎那當然沒問題，但如果你是零基礎，太專業的訓練反而會讓你陷入「目標過高－屢試屢敗－放棄－頹廢」的陷阱。你可以在家做點初階的瑜伽或是空中踩腳踏車之類的簡單運動，這些活動難度不高，網上也有大量的影音教學，而且也容易堅持下來，等基礎打牢了再提高難度。

三、一定要合理安排學習與提升自我的時間

如果你看不進去書，有可能對你來說是這本書太難了，也有可能是你看書的時間太長，或這個內容你根本就不感興趣。你可以先降低難度，也可以縮短時間，抑或找到一個自己擅長的、感興趣並且能力所及的閱讀內容。

就拿縮短時間來說，即使每天只閱讀半小時，也比你一天閱讀五小時而接下來三個月都不再讀書要好。

設立目標要避免落入「設立目標—屢試屢敗」的陷阱。有些朋友喜歡去圖書館自修，覺得圖書館濃厚的學習氛圍更有利於讓自己靜下心來。這當然沒問題。可如果在準備工作上大做文章，譬如需要整理書包、收拾出門要帶的東西、梳洗打扮、準備零食，途中經過飲料店再排隊買杯奶茶……折騰完這一番再走到圖書館，人就累了，這時就會心想不如玩一會手機吧！於是不知不覺一天就過去了……

花了工夫做完了「學習前」的「準備工作」，內在就感覺已經「努力」過了，自己騙自己，有什麼意義呢？真正想要精進的人，到哪裡都能學習，只要有學習資料在手，任何時間、任何地點都可以開始。

四、找一位共同精進的夥伴

獨學而無友，孤陋而寡聞。學習夥伴的作用很多，不僅在遇到難題時大家可以相互討論，還可以互相學習對方的經驗，譬如你不懂得合理安排時間，可能對方很懂，你跟隨他的作息去學習和休息，這就是一個很取巧的方式。

更重要的是，找到一個上進、自律的學習夥伴，結伴完成某個目標，讓對方監督你、激勵你，把對方當成自己的榜樣，真的會對我們完成目標有很大幫助。

當一個人有志同道合的同輩（當然，得是好的同輩中人）的影響時，其潛力是可以被激發出來的，這就是「社會促進」（又稱社會助長）的作用。每個人都有表現自己的動機，因此一個人在完成某個任務時，如果有他人在場或者和他人一起活動，效率就會提高。

注意，一定要和比你更加自律的人成為學習夥伴，而不是那種和你一樣渾渾噩噩、躺著不想動的人——這樣的夥伴一起放鬆玩樂就好了，想要精進的時候還是要遠離誘惑。

本章重點

1. 適當的焦慮和壓力會變成動力，激發腎上腺素的上升，從而使人保持高度的覺醒狀態，讓人幹勁十足。
2. 但長期承受巨大的焦慮和壓力，會導致腎上腺素大量堆積，這反過來會損害我們的神經系統，讓人失去動力和活力。
3. 當你正在做的事情或正在經歷的狀態（一事無成、碌碌無為）讓你失去了控制感，控制感的降低會進一步導致焦慮感的上升。

4. 設定一個比較容易實現的小目標，把一個大目標分成一個個小目標，分階段、分難度等級，從簡單的開始執行，讓自己重新獲得成就感。

5. 解決焦慮的方法：安排自己做家務、量力而行的健身鍛鍊、一定要合理安排學習與提升自我的時間、找一位共同精進的夥伴。

02

學會用佛系的方法戰勝拖延症

充分利用拖延A的時間來完成其他任務，
千萬不要把拖延的時間空檔用來看劇、發呆、打遊戲，
因為你根本玩不踏實，反而會變成「焦慮得無所事事」，即「消極拖延」。

學心理學有什麼具體的好處？舉個例子，我有一篇論文要提交，可是我拖著不想寫。以前我會一邊焦慮，一邊拖延，而現在我會心安理得地拖延 這是因為我太瞭解自己了，那些刻在人類基因裡的本性比我們想像的要更強大。

自二十世紀七〇年代起，心理學家艾里斯（A. Ellis）和克瑙斯（W. J. Knaus）就開始關注「拖延症」的研究。研究顯示，百分之八十至百分之九十五的大學生都擁有不同程度的拖延症狀。因此，世人皆如此，你我並非特例。

與自己的拖延症和解

我很早就計劃做自媒體，然而拖了兩年都未開始，其一，因為我不知道怎麼做，其二，不知道讀者喜歡什麼內容……於是，就這麼一直念叨著、拖延著！

終於有一天，這個想法再次冒出來的時候，我打開了某個「問答」的ＡＰＰ，暗中觀察讀者感興趣的心理學問題或是話題，然後又心血來潮的開闢專欄做初步的試驗，嘗試用兩種完全不同的文風寫了兩篇內容相同的文章，相互比較閱讀量、按讚數和評論的互動。

這個嘗試為我打開了一扇通向新世界的大門，成為我夜深人靜時減壓的秘密俱樂部。我認真看讀者的建議，聽提問者的疑問，也因為寫專欄看了更多專業文獻，還向我的妻子學習傳播學知識。

就這樣斷斷續續更新著文章，做了兩年之後，當我終於釐清了該怎麼做自媒體的時候，才赫然發現這個專欄已經擁有了幾十萬的讀者，於是，拖到最後終於開始做自媒體了，還補充了許多新領域的知識。

不知讀者是否意識到，我在拖延做自媒體這件事的過程中，也完成了很多其他事情。所以，讓自己與拖延症和睦相處，其實沒那麼糟糕。與其負嵎頑抗，不如輕鬆和解。這大概算是一種積極拖延法，我也稱之為「佛系戰拖法」。

根據 Angela Hsin Chun Chu 與 Jin Nam Choi 的理論，拖延被分成了消極拖延和積極拖延。我摸索出的這套「佛系戰拖法」應當屬於積極拖延，即不迴避問題，不用「直接」而是用「迂迴」的方式解決問題。

來自卡爾加里大學（University of Calgary）的心理學家皮爾斯．斯蒂爾（Piers Steel）等人提出了一個較為全面的理論框架——時間動機理論（Temporal Motivation Theory）來解釋拖延症。該理論框架中的一個重要公式是：認為任務效用受到了個人對期望、自身價值、何時能夠實現以及個人對延遲的敏感性這幾類因素的影響。期望越高，自身價值越大，越能立刻完成對延遲敏感性高的任務，主觀價值就越高，越不容易拖延。

個人對任務的主觀價值評判會隨著情況的變化而變化。簡單來說：終極目標的大任務在截止日期面前顯得極度高壓，反而能將其他小任務映襯得輕巧可愛。

譬如，不想審核的稿件，不想回的郵件，不想備的課，不想改的論文，不想洗的碗，不想烤的肋排，不想繳的水電費，不想跑的步……這些本來不想做的小任務，在接近交稿期的論文面前，都成了一個個減壓放鬆的小遊戲。

於是我在拖延不想寫論文的時間內，完成了審稿、回郵件、備課、洗碗、繳水電費，還做了一桌大餐，甚至更新了自媒體文章！

或許你會問，那我拖延著的論文怎麼辦呢？我的回答是：該怎麼辦就怎麼辦，拖到不能再拖的時候，終究還是會寫完。

這就是與拖延和解帶來的好處：一方面，人生變得更加充實和高效率，利用拖延A任務的時間反而完成了原本被拖延著的B任務（乃至C、D、E、F、G等其他小任務）；另一方面，被A任務拖延到極限的你，最終依然會在截止日期的壓力下變得文思泉湧，A任務也會如期完成。

所以，**下次你心中的拖延小人和勤奮小人在打架時，你就讓拖延小人轉告勤奮小人：我不是在拖延喔，而是在迂迴前進中完成任務**。

但這裡需要注意的是，要充分利用拖延A的時間來完成其他任務，千萬不要把拖延的時間空檔用來看劇、發呆、打遊戲，因為你根本玩不踏實，反而會變成「焦慮得無所事事」，即「消極拖延」。所以，把盡情玩樂的犒賞留到完成大任務之後吧！

在偷來的時光裡發揮最高效率

其實我算是比較自律的人，對抗拖延也有一些慣常的做法：先設立比較容易完成的小目標，遠離舒適圈誘惑，將任務分階段化整為零完成等等。不過這些做法對付有截止日期的任務非常有效，對付沒有截止日期的任務成功率就會降低。

美國國家科學基金會為了應對每年海量的申請書，就實施了一個巧妙的制度：取消了原先接收標書的截止日期，變成全年無限制，任何時間都可以提交，結果每年他們收到的申請減少了百分之五十以上。

沒有截止日期的任務會被拖延，其原因主要是動機不足，以及回報（或危害）延遲。有一則故事正好體現了這個道理；清朝年間，有一位年輕人名叫黃允修，有一天他向袁枚借書，袁枚忍不住告訴他一些經驗：那些收藏夾裡標記了無數遍的「必看好文」，有幾篇你會去認真讀？只有對那些須臾要被刪掉的文章，你才會如飢似渴地閱讀

所謂「書非借不能讀也」；「書籍借閱」就是透過提高前文所說的「個人對延遲的敏感性」來對抗拖延症。自己買的書，今天不讀明天讀，反正明日何其多！借閱的書就不同了，在有限的借書期限內總得讀完，這就是一種自我限定的截止日期，提高了對延遲敏感性。不僅讀書如此，設定時間也是如此。沒有設定截止日期，或是截止日期不迫在眉睫，目標就會被擱置。

當你終於意識到時間不屬於自己，而是屬於老闆、女友、孩子、客戶的時候，你會發現片刻空閒都是借來的，不，是偷來的。熊孩子終於睡午覺了，趕緊利用這偷得的浮生半日閒做點正經事：看書、寫論文、做報告、練英語……時間緊迫，截止時間（孩子醒來）

可能就在兩小時後，便會不容許自己分心。

所以還是要讓自己忙起來，忙到忘我的狀態，就會明確地知道自己想要的是什麼，目標和動機也會變得更加清晰。

「積極籌劃」的狡猾陷阱

與拖延症和平共處的時候，有一點要警惕：在拖延症患者的世界裡，有一個特別美麗的陷阱，叫作「積極籌劃中」，看似在為完成任務做準備，其實只是「打雞血」後接著躺平。

想減肥！先買幾張身材曼妙的超模海報貼在床頭。想練馬甲線！於是先下載幾個健身App設定好打卡日曆。想學鋼琴！先打開手機搜尋一堆大師的演奏影片欣賞。最後，做完這些前置事項，想一想就覺得任務似乎已經完成，便可以放任自己去休息了呢！

為什麼會如此呢？紐約大學心理學家彼得·戈爾維策（Peter Gollwitzer）研究發現：目標只要說出來，就可能會降低成功的機率，因為別人對目標的瞭解或叫好，容易使設立目標者沉溺於被認可的假象。

美好的幻想和設立目標的感覺一樣，使人愉快、放鬆，彷彿已經達到了理想境界，從而導致行動力大幅降低，以致陷入更長時間的消沉和懈怠。

因此，要戰勝拖延症，就要跳出自己騙自己、「假裝很努力」的陷阱，真正行動起來。

本章重點

1. 拖延被分成了消極拖延和積極拖延。「佛系戰拖法」應當屬於積極拖延，即不迴避問題，不用「直接」而是用「迂迴」的方式解決問題。但若把拖延的時間空檔用來看劇、發呆、打遊戲，根本玩不踏實，反而會變成「焦慮得無所事事」，即「消極拖延」。
2. 對抗拖延症的方法：先設立比較容易完成的小目標，遠離舒適圈誘惑，將任務分階段化整為零完成。
3. 要戰勝拖延症，就避免陷入「積極籌劃」的陷阱，跳出自己騙自己、「假裝很努力」的陷阱，要真正行動起來。

03

社交恐懼與過度社交的一體兩面

社交恐懼和過度社交，看起來問題截然相反，
然而我卻認為它們是同一根藤上結出的兩個瓜，
它們都源於一個人對自己的不自信，這種不自信導致了這兩種不同的狀態。

社交恐懼者是指害怕社交的人不願與人交際、不敢公開發表意見、不想引人注目等特徵。過度社交是善於社交，開朗大膽，和陌生人也能很快熟悉起來，願意表現自我，敢於在公共場合做一些引人關注的行為，且毫不擔心別人異樣的眼光。

譬如，在某飯店過生日時，總會有一群熱情洋溢的員工舉著燈牌圍著你唱《生日快樂歌》，這一幕簡直是害怕社交的人的「噩夢」。而善於社交的人則反其道而行，他們會主動加入派對，熱情地與飯店員工互動，自信滿滿地調度現場。

一開始我對於過度社交者並無感性認知，只停留在字面意思上。直到有一天我陪家人逛街，正好看到一個年輕人，一路扭著貓步、轉著圈向我們走來，用誇張的肢體動作和語言與周圍的人交流和互動，無懼別人的目光。起初，我以為他在表演節目，可找了半天也沒有找到攝影機，這才恍然大悟，他只是想要引起注目。

現在我就從心理學的角度和大家聊一聊這兩種社交類型者內在的心理狀態。

缺乏自信的內在根源

社交恐懼和過度社交，看起來問題截然相反，然而我卻認為它們是同一根藤上結出的兩個瓜，它們都源於一個人對自己的不自信，這種不自信導致了這兩種不同的狀態。

社恐者的不自信，源於他們害怕別人發現自己做得不好、做得不對，或者留下什麼把柄被人掌握，所以希望別人盡量不要關注自己；而社交過動者的不自信，則源於害怕別人不認可自己，所以過分賣力地表現，企圖引起周遭的關注。

這兩種社交類型的人，在某些條件下可能也會相互轉化。譬如有很多人，小時候可能是個社交高手，跟誰都能快速親近，聊個十分鐘，雙方的家底都交代清楚了，但是由於太過真誠、熱情外露，很可能會受到很多傷害，在社會上遭遇的挫折多了，學會了保護自己，從而變成了社恐。

也有一些人，一開始可能害怕社交，將自己保護得很好，但是隨著經濟能力、社會地位的上升，可能沒有以前那麼多的顧慮，於是開始釋放自我，盡情展現。

「去自我中心化」未完成

除了不自信、渴望得到關注，我認為社交過動症還有一個原因：沒有跨越「自我中心期」。

尚・皮亞傑（Jean Piaget）提到過，學齡前（四至六歲）的孩子的成長會經歷「自我中心期」（Egocentric），認為世界應該按照自己的需求去運轉；艾爾肯（D. Elkind）則指出，青春期（十三至十七歲）的孩子會經歷一個「個人神話期」（Personal Fable），認為自己的一舉一動都會被別人特別關注和留意。

這兩個時期的共同點是：個人認為自己就是整個世界的中心和焦點。

如果一個人在學齡前沒能很好地度過「自我中心期」，或者在青春期沒能跨越「個人神話期」，那他就沒能達成這個階段該達成的成長目標——「去自我中心化」（Decentration）（也就是認識到自己不是世界的中心和焦點），如果沒有順利完成去自我中心化，其結果就是他會進入這樣的心理狀態：**我想成為世界的中心，我渴望大家都關注我。在今後的成長過程中，他都會希望自己成為萬眾矚目的焦點。當他發現別人不關注他的時候，他就會做出種種過度社交的行為來引起別人的關注。**

這就是為什麼很多小朋友都像是社交達人，譬如逢年過節在親朋好友面前背唐詩、唱歌，表演時絲毫都不會怯場。青春期的孩子也常常會有類似的特質，人越多越願意忘我地盡情表演。但是成年之後，大多數人都不會這樣了（除非工作需要），這是因為大多數成年人已經完成了「去自我中心化」這個成長任務。

還有一個很有意思的現象，在青春期階段，很多人既想成為社交達人，又會不好意思，因此很多類似「真心話大冒險」的遊戲，能幫助他們光明正大地展現自己的社交能力。這個時期的年輕人因為正處在「去自我中心化」的進程中，所以需要一個合理的藉口，來滿足自己「引人關注」和「成為焦點」的小願望。

接納自己的社交性格

社交恐懼和過度社交孰好孰壞，也得分情況來討論。首先，如果是正常人際互動內、不影響自己和其他人的社交行為，不僅無可厚非，甚至在很多場景和職業中是被需要的。

譬如演員、銷售人員等職業非常需要自我展現，在這些社交性比較強的工作中，善於社交是一種很有優勢的技能。又譬如在學術研究、技術研發等可以較少與人打交道、需要耐得住寂寞的職業中，害怕社交的性格反而能讓人踏踏實實地潛心於工作。

再舉個例子，朋友們一起出去玩，如果其中有個人扮演「開心果」的角色，那麼聚會大概不會有冷場，大家多年後回想起來還是會覺得那是一段令人愉快的記憶。所以，很多生活場景都需要善於社交的人。

但是如果社交狀態呈現出一種病理性的特徵，那就要引起我們的重視。因為一些心理功能不健全的人也會表現出類似的症狀。不專業的人可能並不知道這是一種精神疾病的症狀，是需要治療的。譬如憂鬱症、焦慮症、恐慌症患者身上就會出現社交恐懼、社交障礙的情況，有的患者甚至整日把自己關在屋內，害怕見到任何人，嚴重影響正常的工作、生活和人際交往。

而有些表演型人格的人，往往喜好以高度飽滿的情緒做出誇張的行為，在不恰當的場合自我表演。他們的言行舉止過分戲劇化，自我放任，不考慮他人感受，表現出高度的自我中心意識，生活處處都是自己的舞台，隨時都能開始表演，彷彿永遠有聚光燈追著自己，這就是一種病理性的過度社交。

又譬如有雙向情感障礙的患者（或者是一些輕度躁狂症患者），當他們躁狂症發作時，就可能情緒高漲，表達欲增強，思維奔逸，精力充沛，莫名自信，會感覺自己非常棒，給人愛好交際、社交活動很多的樣子。

如果患上病理性的社交障礙，還是需要盡早求助專業人士，如身心科醫生，再配合以藥物治療、心理諮商輔導等介入進行調整。

其實，這個世界本來就不完美，能有幾個人的關鍵期、成長期都是按照教科書的標準度過的呢？正如前文所說，只要不對自己、他人和社會造成不好的影響，不管你是什麼社交屬性，希望你都能接納自己的性格，活出自己想要的人生。

本章重點

1. 社交恐懼者是指害怕社交的人不願與人交際、不敢公開發表意見、不想引人注目等特徵。過度社交者是善於社交，開朗大膽，和陌生人也能很快熟悉起來，願意表現自我，敢於在公共場合做一些引人關注的行為，且毫不擔心別人異樣的眼光。

2. 社交恐懼和過度社交，看起來問題截然相反，它們都源於一個人對自己的不自信，這種不自信導致了這兩種不同的狀態。

3. 社恐者的不自信，源於他們害怕別人發現自己做得不好、做得不對，或者留下什麼把柄被人掌握，所以希望別人盡量不要關注自己；而過度社交者的不自信，則源於害怕別人不認可自己，所以過分賣力地表現企圖引起周遭的關注。

4. 成長階段無法順利完成「去自我中心化」，所造成的結果：我想成為世界的中心，我渴望大家都關注我。

04

社交焦慮　電話恐懼症

很多患有電話恐懼症、說話恐懼症或社交恐懼症的人，都是太在乎別人的眼光。譬如，有的人在辦公室沒法打的電話，回到家關上臥室門後竟能暢快溝通。其實這還是因為害怕自己說錯話，當眾出醜，在私密空間裡則沒有這個顧慮。

一次聚會，朋友問了我一個學術問題：是不是存在語言認知和文本認知兩種不同類型的人？也就是說，有人要透過說話才能更好地理解內容，而有人要透過文字才能更好地理解內容？我肯定地回答他：「的確如此。」

這位朋友追問道：「我感覺我理解別人說話很吃力，經常開會大半天，我還是不知道對方要表達什麼，往往要等到翻閱會議記錄時，才恍然大悟。我在表達上也有同樣的感受，工作上的事情不能發郵件嗎，為什麼非得打電話？電話溝通時，經常講著講著，話題就扯遠了，原先的主題就被模糊了。」

鹿老師也拚命點頭表示贊同，「我工作上的事情也喜歡發郵件或者傳訊息，條列出一、二、三點，邏輯清晰，一目了然，事後盤點起來也有據可循。我最怕正在給客戶寫訊息時，主管突然來一句『訊息又慢又說不清楚，為什麼不打電話？電話溝通才最清楚、最有效率』。每當這種時候我就會懷疑人生，難道只有我覺得文字訊息才說得清楚，電話溝通說不清楚嗎？」

她們均表示，經常是掛了電話都沒有明白對方的意圖，而且電話溝通又沒有文字訊息可以梳理，常常令人崩潰。鹿老師分享自己的應對策略：「現在，如果有人打電話給我，我會等對方掛掉電話後，傳訊息過去：剛才在忙，請問有什麼事嗎？」

我說：「難怪你倆都是鍵盤吵架第一名、微信群脫口秀太后、朋友圈單口相聲即興表演藝術家……但面對面吵架就瞠目結舌，要熬到第二天半夜三點才能梳理清楚脈絡，懊惱自己沒有發揮好。」

這時，另外一位朋友表達了相反的感受：「我和你們相反，我很怕寫郵件，我喜歡打電話。我覺得打電話三言兩語就能把事情說清楚，寫郵件或者傳訊息不同，還得反覆斟酌用詞、組織語言、檢查錯別字、檢查文句、檢查標點。有些事電話一分鐘就能講清楚，寫郵件十分鐘都未必能理順邏輯。譬如草擬五百字的訊息通知，我需要花一下午的時間，但口頭通知的話，只要兩句話就能說清楚事情！」

朋友們的這些討論很有意思，也讓我想起讀者們經常提出兩種完全不同的訴求：一類是「你的文章能不能拍成影音或者錄音？我想好好學習」，另一類是「你的線上課程有沒有文字版？我想好好學習一下」。

有的人偏好文字的接收和表達，有的人偏好語音的接收和表達，為什麼會存在這種現象呢？

不同偏好的語言表達方式

從腦科學的角度出發，我可以試著解釋：雖然都是言語的表達，但是文字表達和口語表達是由不同的大腦區域來負責運行的。

人類大腦的布羅卡區（Broca's Area）是運動性言語中樞，和口語表達的功能有關。研究發現，布羅卡區嚴重損傷者，可能出現一種「運動性失語症」現象，即不能將語言以口語方式表達出來，但仍保留聽懂別人說話、寫字和閱讀的能力。而大腦的另一個區域韋尼克區（Wernicke's Area）受損的話，患者聽覺並不受損，但不能理解話語中的意思，同時患者也能開口講話，但話語混亂而割裂。這種現象被稱為「感覺性失語症」。

而另外一類閱讀障礙者，他們的語言表達能力、接收理解能力都沒問題，在閱讀和拼寫方面卻存在困難。相關研究顯示，位於頂葉角回位置的ＢＡ３９被認為是和書寫有關的腦區。

這些研究結果表示，書面語言的認知能力和口語的認知能力，可能是分離的，即它們分屬不同的系統。因此偏愛口語表達的人，可能就是布羅卡區和韋尼克區更發達，而偏愛文字表達的人，則可能是頂葉角回發展得更好。

像第一位朋友自述她開會時理解別人的話語有難度，但是閱讀郵件、圖書毫無障礙，很可能就是她的韋尼克區不如頂葉角回發達。

所以，如果有讀者認為自己「怎麼郵件寫不好」或者「怎麼口語表達能力不行」，不必過於焦慮。**人本來就是有長處也有短處，不同的人擅長不同的領域，只要工作和生活沒有被嚴重影響，就不必太放在心上，揚長避短就行了。**

電話恐懼症其實是一種社交焦慮

聽到不同腦區的功能後，鹿老師提出了一個疑問：「我的語言表達能力並不差，只是害怕接打電話而已，面對面講話我也不害怕。這就不是腦區分工的問題了吧？」

她說得非常正確。鹿老師的口語表達能力和書面表達能力都很強，她的布羅卡區、韋尼克區、頂葉角回應該都很發達，她就是接打電話有困難。每次打電話之前，她都要用紙筆打草稿，反覆排練，而且接起電話就容易緊張，一邊講電話還一邊做記錄。她說有時遇到重要電話，她甚至會大腦一片空白，不知道該怎麼說話。

這種情況和腦區的分工的確關係不大，這是典型的「電話恐懼症」。所謂電話恐懼症就是明明平時人際互動沒問題，只要一拿起電話就不知道該說什麼，甚至為此非常恐懼接打電話。

英國有一項調查，詢問了五百名受訪者的電話恐懼情況，結果發現百分之六十二的受訪者存在電話恐懼的表現。其中一九八〇後、一九九〇後的人可能是最容易有這種表現的群體——超過百分之七十的人表示曾經有過電話恐懼的情況，遠高於一九六〇後百分之四十的比例。

出現電話恐懼症的原因大致包括：害怕無法應對突發情況，害怕冷場，害怕別人的負面評價等等。也有人害怕電話溝通中因缺乏表情和身體語言的傳達而導致訊息被誤解。所以，存在電話恐懼的人，重要的事情寧可等一兩個小時也要跟人當面溝通。

我則不同，我寧可電話溝通，也不想與人當面對話。其實這也是一種焦慮狀態——說話恐懼症。

不管是害怕接打電話，還是害怕當面溝通，其實都是社交焦慮的一種形式。

克服電話恐懼症的方法

那麼，如果有電話恐懼症或者說話恐懼症該怎麼辦呢？譬如，想給主管或是客戶傳訊息溝通事情，可是主管和客戶都習慣電話溝通，覺得訊息溝通比較沒效率。

你可以試試以下方法。

一、先打草稿練習，或事後補發郵件

鹿老師以前從事媒體工作時需要撥打很多電話，她的方式是把要溝通的內容用文字記錄下來，對著草稿多練習，做到胸有成竹後再撥打電話。電話溝通中，她習慣把雙方交流的重要訊息記錄下來，掛了電話之後立刻給對方補發郵件：「正如剛才電話中溝通的那樣，我們的計劃如下……」這樣既梳理了電話內容，又防止遺忘，抑或防止對方日後推諉時無據可循。

二、找一處私密空間打電話

鹿老師以前所在的公司非常人性化，有一個四面封閉的專用小房間。她需要打電話、寫

稿子時，就把電腦搬去「小黑屋」閉關一整天。那個小房間簡直是社交恐懼者的避難所。

三、我行我素：不愛打就不打

本文開頭提到的那位朋友就是這樣一個鐵頭派：「我就不愛接電話，有事請發郵件或留言。」當然，也可以請助理專門接打電話。當鐵頭派有一定風險——必須有足夠強大的業務能力，讓老闆忽略你這點小「毛病」，畢竟成大事者不拘小節；或者你要有不在乎老闆眼光的氣魄。否則，這個辦法不是很適用。

四、調整自己的認知

很多患有電話恐懼症、說話恐懼症或社交恐懼症的人，都是太在乎別人的眼光。譬如，有的人在辦公室沒法打的電話，回到家關上臥室門後竟能暢快溝通。其實這還是因為害怕自己說錯話，當眾出醜，在私密空間裡則沒有這個顧慮。

我的建議是，不要誇大自己的問題，也不用太在意別人的看法，因為別人也更在意自己的表現，其實並不會關注你。

本章重點

1. 書面語言的認知能力和口語的認知能力，可能是分離的，分屬不同的系統。偏愛口語表達的人，可能就是布羅卡區和韋尼克區更發達，文字表達的人，則是頂葉角回發展得更好。
2. 電話恐懼症就是明明平時人際互動沒問題，只要一拿起電話就不知道該說什麼，甚至為此非常恐懼接打電話。
3. 克服電話恐懼症的方法：先打草稿練習，或事後補發郵件；找一處私密空間打電話；我行我素：不愛打就不打；調整自己的認知。

05

憂鬱症不是矯情

不開心、悲傷、絕望、厭世等各種痛苦的情緒持續不斷地折磨患者，超過兩週就可以稱為憂鬱症，少於兩週一般稱為憂鬱狀態或憂鬱發作。

民間故事常見將憂鬱症與怪力亂神做連結，古時候的醫書也經常記載。宋代《婦人大全良方》裡關於產後憂鬱症的描述，就有「產後癲狂」、「產後狂言譫語如有神靈」、「產後不語」、「產後乍見鬼神」等文字。

同時，這也不是中國特有的現象。歐洲中世紀曾經有過一場曠日持久的「獵巫運動」，被燒死的女巫不計其數。後來，研究者考察了中世紀巫術的情況，發現其中一部分「受魔鬼驅使」、「被惡靈附體」的女巫及巫師，其實只是一些有精神障礙或心理障礙的無辜病人而已。

憂鬱症就是矯情

一位憂鬱症患者曾對我形容：「我心上像壓了一塊巨石，不能喘氣。生活中並沒有什麼特別不好的事情發生，我卻時刻被悲痛欲絕的情緒淹沒，整個人像在地獄火裡烤著一樣，日夜無法解脫。」一直到現在，仍然有人聽完這番描述後表示：「這純粹就是日子過得太閒。」

時至今日，很多人對憂鬱症的認識，也只是從「水鬼附身」變成了「就是矯情」、「閒得無聊」而已。

憂鬱症不是矯情，不是小心眼，不是不堅強，更不是太閒了，而是大腦部分機能（例如神經傳導物質的分泌和接收功能）出現了障礙。我們可以理解為負責產生「愉悅」和「痛苦」的兩個按鈕失靈了，「愉悅」一直關閉，「痛苦」卻一直在線。因此，僅靠勸導「想開點」來治療憂鬱症是無效的。

憂鬱症的治療

人類在治療憂鬱症時，經歷過頭蓋骨鑽洞術、巫師驅魔術、放血療法、腦白質切除術等錯誤療法後，如今終於總結出了幾種比較可靠的療法。按照病情輕重程度，依次可選擇心理諮商、抗憂鬱藥物治療及電痙攣治療（Electroconvulsive Therapy，簡稱ＥＣＴ）等。

心理諮商、抗憂鬱藥物治療這兩種療法屬於理論驅動型。例如：認知行為療法基於憂鬱症患者的心理特點來設計治療方案；藥物治療中的血清素（5－羥色胺）選擇性血清素回收抑制劑（ＳＳＲＩ），是基於對憂鬱症神經傳導物質研究結果研製出來的。

電痙攣治療則屬於實證醫學。十六世紀精神科醫生就注意到，很多精神病患者得了癲癇之後，其精神疾病的症狀反而有了好轉，從中他們發現了抽搐可以治療精神類疾病的秘密。一九三八年，兩位義大利精神病學家賽來提（Ugo Cerletti）和比尼（Lucio Bini）圍觀屠夫宰豬時，注意到豬被電暈後會發生癲癇，於是他們靈光乍現，想讓病人抽搐起來，為什麼不試試電擊？

兩人一拍即合，他們先利用動物實驗找到安全有效的電擊強度，再將其用到人類身上，最終發現電擊對憂鬱症治療有非常棒的效果。

有人看過我之前的文章，認為我反對電痙攣療法，其實並不是。我反對用高度痛苦的電擊去虐待健康的人，而認同用安全範圍之內的、痛苦程度較低的電流去治療患者，二者根本就不是一回事。無奈的是，很多人對電痙攣治療有相當深的成見和誤解，極度排斥它，反而貽誤了最佳治療時機。

事實上，電痙攣療法是目前世界上有效治療憂鬱症的一支「奇兵」，而且現代醫學又將麻醉手段加入了電休克治療，進一步降低了患者的痛苦程度。如果憂鬱症嚴重到一定程度（譬如心理諮商後療效不佳）*，遵行醫囑該吃藥就吃藥，該配合電痙攣治療就配合，別耽誤了病情。

此時，或許有人要問：「我拖延了一堆工作沒完成，現在玩遊戲也不踏實，睡覺也不安穩，這算不算快感缺失症狀？我是不是憂鬱了？」這種情況我一般會認為是提問者想多了，建議趕快將手頭上的工作按時完成比較好。

憂鬱症的臨床特徵

你瞭解憂鬱症嗎？也許你在新聞中看到過，某明星因為憂鬱症自殺了；也許你聽說過，某位網紅因為網路暴力患上了憂鬱症；也許你身邊的朋友或是親戚家的孩子因為憂鬱症休學了。

＊一九八五年，美國國家心理衛生機構（National Institute of Mental Health）對電痙攣治療所做的結論：「電痙攣治療是歷來最受爭議的精神疾病治療方法，而且有不少副作用，它應該侷限於使用在特定範疇的嚴重精神疾病。」

甚至有人會開玩笑說：「當代年輕人出門，不得個憂鬱症都不好意思跟人打招呼。」也有人會大惑不解：「能有什麼過不去的坎啊，他怎麼就不想沾了呢？」這都是缺乏對於憂鬱症的理解。

憂鬱症的定義描述是：以連續且長期的心境低落、快樂感缺失、意志活動減退為主要臨床特徵。

一、連續且長期的心境低落

不開心、悲傷、絕望、厭世等各種痛苦的情緒持續不斷地折磨患者，超過兩週就可以開始診斷是否罹患憂鬱症，少於兩週一般稱為憂鬱狀態或憂鬱發作。

與此同時，患者還會出現自我評價過低的情況，產生無用感（認為自己一無是處）、絕望感（認為自己前途渺茫）、無助感（認為自己孤立無援）的「三無」症狀，常伴有與事實嚴重不符的自責、自罪、自我厭棄的態度，甚至出現自殘、自殺的傾向或行為；嚴重者可出現罪惡妄想和疑病妄想，部分患者還可能會出現幻聽、幻視、幻覺等精神分裂症狀。

什麼叫與事實不符的自責心理呢？就是因為一點小事便認為自己無可救藥了。在常人看來一些微不足道的事情，在患者心中可能就是罪孽深重，必須受到天譴，甚至需要以死謝罪。

我曾見過一名患者，使用訂書機裝訂書本時不小心失手跌落了書本，他便覺得自己是個廢物，一無是處，人生毫無價值，因而想自縊尋短見。

這種憂鬱情緒可能是由生活中的消極事件引發的，但也可能並無具體的緣由（可能與個人的悲觀人格、遺傳性因素，或者酗酒、藥物濫用有一定關係）。而且這種痛苦是長時間持續存在的，如果不經過干預和治療，難以隨著周圍環境的改善而自動好轉。

二、感受快樂的能力缺失

具體來說，就是對任何事情都失去興趣——以前愛吃的美食感覺不好吃了，以前愛玩的遊戲感覺不好玩了，見到喜歡的人也沒有開心的感覺了，任何人和事物都無法令患者體會到愉悅。總而言之，患者喪失了感受快樂的能力，只能感受到痛苦。

憂鬱症患者每天只想躺在床上，不想吃不想動，不想做任何事，不想睡覺也不想起床。有些讀者可能要對號入座：「我也每天只想躺在床上無所事事，這是不是憂鬱了？」不一定。如果你躺在床上還願意吃零食、追劇、玩手機，並且還能從中獲得樂趣，那就不是憂鬱，只能算不求上進而已。相反，憂鬱症患者會喪失所有欲望：沒有食欲，沒有性欲，甚至沒有求生欲。

三、意志活動減退

意志活動減退就是無精打采、懶惰乏力、精力下降——反應變得遲鈍，思考問題變得困難，說話減少，語速變慢，行動變得遲緩，記憶力下降，注意力不集中，生活懶散，迴避社交，疏遠親友，對自身和周遭事物都漠不關心。嚴重者甚至會進入一種「木僵狀態」：不食、不語、不動，沒有表情，對周圍的刺激沒有反應。

我大學在醫院實習期間，曾經見過一名憂鬱性木僵狀態的患者，無論我對他說什麼、引導什麼，無論我如何循循善誘，試圖引起他的注意，他始終一動不動，臉上沒有任何表情，對我的舉動也沒有任何回應，彷彿進入了一種「木頭人」的狀態。

另外，憂鬱症患者還可能出現一些生理性症狀，包括以下幾種：

1. **睡眠障礙**：入睡困難，失眠多夢，早醒，睡眠感缺失
2. **飲食障礙**：多為食欲減退，體重下降，也有少數患者會出現食欲增強，體重增加。
3. **腸胃功能障礙**：便秘、腹瀉、噁心、嘔吐、胃痛、胃酸。
4. **性功能減退**：性欲減退甚至完全喪失，即使有性生活也無法從中感到快樂。男性可能會出現陽痿，女性可能會出現經期不規律等症狀。
5. **自律神經功能失調**：心慌，胸悶，氣短，出汗。

憂鬱症的發作一般持續至少兩週，有的甚至長達數年，大多數病例有復發的傾向。如果懷疑自己有上述症狀，可以透過貝克憂鬱問卷（BDI）、SDS憂鬱自評量表、PHQ－9憂鬱症篩查量表等評量表進行自測。如果自測結果疑似憂鬱症，一定要及時向心理醫生求助，或者到正規醫院就診。

其實，憂鬱症是一種臨床治癒率較高的疾病。但由於大眾對其認知不足，甚至存在偏見，對情緒障礙、精神障礙類的疾病存在污名化、病恥感的心態，往往會有治療不足、復發率高等情況的發生。

憂鬱症其實是由於大腦中部分神經傳導物質的分泌功能和接收功能出現了問題，它不是一種對「心情」的描述，而是一種真正的疾病。

如果能早發現、早篩查、早干預，及時給予心理治療、物理治療和藥物治療，大部分患者的症狀都能得到緩解，恢復正常生活。如果因為不夠瞭解而錯過治療時機，那就太可惜了。

因此，這也是本節希望達成的目標：讓更多人能夠意識到、分辨出憂鬱症狀，從一些被認為是「矯情」、「無病呻吟」、「沒事找事」的人群中，識別出憂鬱症患者的求救信號。

本章重點

1. 憂鬱症不是矯情，不是小心眼，不是不堅強，更不是太閒了，而是大腦部分機能（例如神經傳導物質的分泌和接收功能）出現了障礙。僅靠勸導「想開點」來治療憂鬱症是無效的。
2. 憂鬱症的臨床病徵：連續且長期的心境低落、感受快樂的能力缺失、意志活動減退、生理性的症狀（睡眠障礙、腸胃功能障礙　性功能減退、自律神經功能失調）。
3. 憂鬱症其實是由於大腦中部分神經傳導物質的分泌功能和接收功能出現了問題，它不是一種對「心情」的描述，而是一種真正的疾病。

06

季節性情緒失調

有研究認為，進入冬季，人體內的血清素（5-羥色胺）的缺乏以及褪黑激素的過度分泌，很可能導致憂鬱情緒的產生。

不知道你們有沒有這樣的感受？冬天就容易心情差。上班的時候，盯著電腦就像個行屍走肉，明明事情很多，卻沒有動力去完成；好不容易盼來了假期，卻整天悶在家裡，寧可一個人孤獨寂寞，也懶得邁出家門去社交；晚上滑手機無聊又無趣，可就是不想早睡；清晨醒來不願意起床，沒有勇氣離開溫暖的被窩……不論做什麼事都無精打采，見誰都煩，沒有遭遇特別大的危機卻總是沒來由地頹廢，感覺生活中充斥著難以名狀卻又無處不在的喪氣。

這是不是得憂鬱症了呢？其實不是，出現以上情況很可能是得了季節性情緒失調。

季節性情緒失調

季節性情緒失調是一種特殊的情緒障礙。簡單來說，人的心情似乎在冬季就會變差一點，所以也有人稱其為「冬季憂鬱」。主要表現就是人們在一年之中大部分時間情緒表現都很穩定，但是進入冬季就會出現類似憂鬱的情緒低落、慵懶乏力、失眠或嗜睡、厭食或貪食、缺乏興趣等表現。

曾有英國的研究者在二〇一〇年至二〇一四年採集了八百多萬人次的推特數據，分析英國人隨季節轉換而發生的情緒變化。

分析發現，隨著冬季臨近（其實從九月就開始），會出現負面情緒大爆發的情況，入春後人們的情緒則會慢慢平復，直到夏天好心情值達到巔峰（八月與七月人們的負面情緒最低）。

為什麼進入冬天心情就容易消極呢？一個主要因素是日照時間縮短了，而日照時間會影響體內激素水平的變化。有研究認為，進入冬季，人體內血清素（5-羥色胺）的缺乏以及褪黑激素的過度分泌，很可能導致憂鬱情緒的產生。

冬季憂鬱情緒的自我調節方法

在生活中，我們如果覺得情緒低落，但又沒有嚴重到需要就醫的程度，其實可以進行一些自我調節。其中最有效的方式就是**增加多巴胺的分泌**。

一、補充維生素Ｄ、日照和巧克力

我有位研究所好友去荷蘭（眾所周知，荷蘭經年日照不足）攻讀博士後，他告訴我，荷蘭政府會在冬天發放維生素Ｄ，以抵抗歐洲西部冬季日照不足帶來的情緒問題。足夠的維生素Ｄ有助於改善情緒，而日照就是幫助人體合成維生素Ｄ的重要方式。

北歐有一種常用療法，被稱為日光療法。北歐國家瑞典冬季漫長，且冬天日照時間很短，為了緩解情緒問題，瑞典人透過「照光」的方法來抵抗憂鬱。當地人可以去「人造陽光房」曬曬「太陽」，改善情緒。

其實，我們國家大部分地區光照充足，天氣好的時候最好多到戶外活動活動，多曬曬太陽。如果想要補充維生素Ｄ，藥局或者醫院都可以買到。

此外，巧克力也可以刺激多巴胺的分泌。如果你在某個階段感覺情緒低落，可以試試每天沖泡一杯熱巧克力。某位親戚說他冬天心情壓抑，我便建議他每天喝一杯熱巧克力，吃一顆維生素Ｄ，中午多曬曬太陽。他就是靠這種方式調節過來的。

二、美食能刺激多巴胺分泌

除了巧克力，只要是你愛吃的、能讓你產生愉悅感的食物（特別是甜食），都有刺激多巴胺分泌的作用，譬如奶茶、咖啡、蛋糕……不過，代價是錢包會扁、人會胖。所以，飲食千萬要適度，否則變胖後你可能會更加沮喪。

三、欣賞美景，也是治癒一切頹喪的良藥

美景秀色可餐，又不會「吃胖」！其實以前我很不喜歡冬天。記憶中小時候的冬天一直都是陰暗而寒冷的，遇上雨雪天，到處都是又髒又硬的冰。所以，冬天除了躲在被窩裡開著電熱毯、抱著暖水袋看書，我哪裡也不想去。

但來到北方之後，不知道是環境變化了，還是時代變化了，抑或是我自己的情緒調節能力變強了，我發覺冬季竟然變成了一個幸福感很強的季節。不得不說，北京的冬天確實很美，尤其是下雪後。常有美景讓人莫名愉悅，在一瞬間治癒情緒上的頹喪。

四、戶外運動是更加有效的方法

首先，運動本身就會促進多巴胺、內啡肽的分泌，可以對抗情緒問題；其次，運動可以轉移注意力，讓人從不愉快的情緒中抽離出來；最後，運動對改善健康狀況、睡眠、皮膚、體態也有好處，身體好、睡得香、皮膚好、身材好，心情也會跟著變好。

有人說，我去健身房健身可以嗎？當然可以，但我更推薦戶外運動。因為戶外運動結合了日照和運動，能夠得到雙倍經驗值，更有利於情緒健康。

有研究發現，在進行日光療法同時配合運動，可以更快地緩解憂鬱症狀。這也是為什麼很多人長期從事戶外運動後，生活態度都變得積極向上了。

本章重點

1. 季節性情緒失調。進入冬季，人體內的血清素（5-羥色胺）的缺乏以及褪黑激素的過度分泌，很可能導致憂鬱情緒的產生。

2. 冬季憂鬱情緒的自我調節方法：補充維生素D、日照和巧克力；美食能刺激多巴胺分泌；欣賞美景，也是治癒一切頹喪的良藥；戶外運動是更加有效的方法。

07 被忽視和妖魔化的產後憂鬱

產婦陷入憂鬱的沼澤，往往是由於在產後生活中經歷的負面事件，再加上激素的影響，很容易產生不良的情緒。

關於產後憂鬱，很多人問過我：「這個概念是不是被過度解讀了？」我的回答都是：「並沒有。」

時至今日，除了孕婦群體對產後憂鬱有較多的瞭解，大部分人對產後憂鬱的認識仍然不足，甚至有些孕婦的丈夫、親人也會認為產後憂鬱是「找碴」或「矯情」。實際上，這是由產後激素的急遽變化，加上生活短期內發生巨大改變導致的。

其實，產後憂鬱並沒有想像中的那麼恐怖，畢竟大多數人對產後憂鬱的瞭解都來自新聞事件的報導，嚴重的產後憂鬱症狀導致了極端後果（比如傷害嬰兒、自殺自殘等）。

首先，產後憂鬱的好發率不高（不是只要生孩子就一定會發生），最新數據顯示，其發病率在百分之十左右；其次，在發病人群中，大約百分之八十以上的為輕症，如果輔以積極的心理諮商或治療，往往可在一至六個月內自行緩解，一般不會對正常生活造成太大影響。但重症患者一定要及時就診，以免悲劇發生。

我個人觀察到的現狀：一方面，大多數人對產後憂鬱的認識不足，不懂判斷，不會調節；另一方面，不少人在一知半解的情況下將其妖魔化，產生過於恐懼的心理。對於產後憂鬱，我們應該在戰略上藐視它，但是在戰術上要充分重視它。

產後憂鬱的典型症狀

產後憂鬱的臨床特徵與憂鬱症一樣，都伴隨著長時間的心境低落、快感缺失、鬱鬱寡歡、易怒易悲易流淚、社交減少、自我價值感降低、生活無意義感加重、失眠或倦怠、食欲性欲減退、體重降低等症狀，嚴重者甚至有攻擊、自殘或自殺的傾向。如果上述症狀出現超過一個月，有可能就是產後憂鬱了。

然而，與其他憂鬱不同的是，產後憂鬱往往又與「生產」和「育兒」息息相關，所以又具備一些特有的病徵。

第一種情況，擔心養育問題，過分焦慮嬰兒的健康、發育和成長狀況，認為自己不會照顧孩子，因而產生強烈的自罪自責感，覺得「我無法做個好媽媽」。

第二種情況，過於擔心孩子對自己原有生活軌跡的影響，擔心自己的事業、健康、睡眠、經濟狀況、娛樂、交際、身材、容貌、夫妻關係等會受到負面影響，自我評價降低。有的新手媽媽會不情願餵養孩子，甚至不願意看到孩子，更甚者會自暴自棄，覺得「我的人生已經被孩子毀了」。

二寶爸的經驗之談

身為二寶爸，針對這個問題，我不僅有心理學方面的知識，也有「過來人」的經驗。

當初鹿老師產後症狀就屬於典型的第一種情況。在度過了迎接新生命到來的最初喜悅後，她大概在產後一週就開始突然每天以淚洗面（情緒低落）、茶飯不思（食欲減退）、夜不能寐（失眠）。

我問她怎麼了，有什麼煩惱可以說出來，大家一起想辦法解決。她說：「我看著孩子這麼小，突然害怕自己無法好好照顧他。世界這麼危險，而他這麼弱小，我為什麼擅自主張帶他來到這個世上？」她的這種心理，在看了兒童傷害案相關新聞後更為嚴重，「如果他受到任何傷害，那我就是有罪（自罪心理）。」

家裡親人覺得她想太多了，但我認為她可能是產後憂鬱。除了生理症狀，她還出現了強烈的自責自罪感，而這種自我低評價正是來自對養育的過度焦慮。

一般來說，確診產後憂鬱常用的工具就是愛丁堡產後憂鬱症評估量表（EPDS，請見一四〇頁），其判斷標準為：得分大於或等於10分為產後憂鬱症患者，其中小於13分為輕症，大於13分為重症。如果懷疑自己或身邊的朋友有產後憂鬱傾向，可以根據這份量表進行測試。

幫助新手媽媽消除負面因素的影響

我當時實施了一系列計劃，在此分享給正在經歷（或疑似經歷）產後憂鬱的讀者。一些患輕度產後憂鬱症的媽媽，也可以嘗試下列方式進行自我調節。

新手媽媽陷入憂鬱的沼澤，往往是由於在產後生活中經歷的負面事件，再加上激素的影響，很容易產生不良的情緒。

譬如，很多新手父母會認為自己不會帶孩子，並且將這些猜想進行一種災難化的放大。

其實，根據我多年的經驗，一般向我諮商「我某某事沒做好，會不會給孩子留下心理陰影」

的父母，往往非常顧及孩子的感受，這種父母反而最不會給孩子留下任何心理陰影。

那些擔心自己不會照顧孩子的媽媽，往往對孩子非常盡心，恰恰能給孩子很好的照顧。在兒童傷害類新聞中，少部分是意外事件，剩下的才是因父母疏於照顧而引發的。所以新手媽媽要告訴自己，我們只需要盡好自己的義務，剩下的就交給命運。

還有一種情況，有的新手媽媽覺得自己的人生被孩子的出生給毀了，她們同樣也要糾正災難化的認知——**絕大多數新手父母在經歷了最初的手忙腳亂之後，都可以找到方法讓生活重回正軌，因此，這類新手媽媽要在心中樹立「我還是原來的職場精英、敢闖敢做的自由靈魂、父母疼愛的小女兒」的認知**。

當然，做到這一切並不容易，同時離不開社會的支持。其中最關鍵的是，新手爸爸需要意識到自己的責任，共同參與嬰兒的養育過程。可以說，爸爸除了不能親自哺餵母乳，其他所有事情都可以承擔起責任——給寶寶洗澡、換尿布、哄睡、沖泡奶粉、餵食等。

一方面，讓妻子從養育孩子的家務中解放出來，有時間出去和朋友聚會、游泳健身、會見重要客戶；另一方面，也減少了老人家幫忙帶孩子而產生的隔代矛盾、婆媳矛盾等。多了社交，少了家庭矛盾，新手媽媽的心情自然會變好，最大的受益者就是老公和孩子。

千萬不要覺得帶孩子是媽媽一個人的事，如果媽媽在養育的漩渦中掙扎，怎麼可能有精力回到原來的生活軌道呢？

也不要覺得有外婆、奶奶、月嫂的幫忙就不用爸爸的參與。爸爸共同承擔育兒責任，是增進夫妻感情、安撫妻子情緒最重要的方法。爸爸的角色是其他任何人都替代不了的。

飲食、運動與光照組合療法

這套方法我在很多場合都提到過。面對不嚴重的憂鬱發作，大家可以嘗試服用維生素B、維生素D，喝點熱巧克力，以及適當的運動（微微出汗即可）與曬太陽等方法，來改善多巴胺的分泌。鹿老師當時每天服用維生素B、維生素D，喝一杯熱巧克力，再做一些瑜伽與冥想（量力而行，產後不要進行太高難度、太劇烈的運動），以此來進行調節。

另外，月子期間新手媽媽不出門，曬不到太陽，也容易加重憂鬱症狀。鹿老師生產時正值盛夏，每天都是艷陽天，不過家中長輩恪守月子規矩：不能出門，不能開窗受風。我眼睜睜看著那白花花的太陽不能曬，真是暴殄天物！

所以，在她生產完兩週之後，我每天中午會趁長輩午休時帶她「偷偷」出去散步曬太陽（關於這一點，每個人要根據自身情況量力而行，千萬不要盲目仿效！鹿老師產後當天就能下床走動，三天後行動如風，而且她體質偏熱不怕冷，夏天也不像秋冬容易著涼，所以她這麼做沒事。但如果體質虛弱、怕冷怕風，還是乖乖在家休養，即使要曬太陽也就在室內靠窗的地方或陽台上比較合適）。

轉移注意力　找回意義感

絕大多數新手媽媽都會有一段較長時間的產假，這期間既不用工作，也沒有社交娛樂。除了餵奶就是帶孩子，很容易由於社交隔絕、育兒衝突、家庭矛盾而加重情緒壓力，甚至產生人生無望、活著沒意義的感覺。

新手媽媽如果出現這種情況，可以系統性地完成一件事情，充實每一天，轉移注意力。

當時我岳父岳母建議鹿老師去考駕照，坐月子期間她開始複習理論科目，滿月後就去駕訓班練車，最終在產假結束前順利拿到了駕照。這件事讓她很高興，她覺得產假沒有荒廢，不僅學習了新技能，還為家庭做出貢獻，自我價值感和自我肯定感大幅上升（關於這一點，還是要根據個人實際情況量力而行）。

所以我覺得，**利用產假考個證書或駕照、在線學習一門課程、練字修心、健身練馬甲線，這些活動都是不錯的選擇**。當然，只想要休息，也不用勉強自己，完全放空、優哉游哉也是應該的！

當頭棒喝　扭轉情緒認知

當鹿老師開始鑽牛角尖時，岳母就會說：「我看你是日子太好過了！趕緊來幫我挑菜！」這麼一個當頭棒喝，鹿老師就會不好意思地笑笑，立刻去幫忙做家務。

這種方式其實也是一種認知行為療法，原理和宗旨就是扭轉認知。但不同之處是大部分認知行為療法都是循循善誘，而「罵醒」是用一種較強的衝擊力讓人從情緒漩渦中回歸現實。這有點類似心理諮商中的「棒喝」療法，區別是心理諮商師不能責罵來訪的個案。

當然，此法劍走偏鋒，使用須謹慎。尤其要注意，婆婆、丈夫切不可用，母女關係沒那麼親密的也要慎用。此法較為適用於關係較親密的母女、閨密之間。

上述幾種方式對於憂鬱狀態（或是部分輕症患者）有一定的緩解作用。一般而言，經過一段時間的自我調節，新手媽媽都可以回到生活正軌。

症狀較嚴重的產後憂鬱，譬如出現了傷害嬰兒、自殘自傷，甚至自殺等情況，請務必去專業機構求助專業的心理醫生和神經內科專家，根據醫囑進行藥物治療或物理治療。新手媽媽的家人也應多加關心，遇到類似情況必須要有足夠重視，及早干預，以免小病拖成大病，造成悲劇。

本章重點

1. 產後憂鬱的臨床特徵與憂鬱症雷同，除此之外，與「生產」和「育兒」息息相關：過分焦慮嬰兒的健康、發育和成長狀況；過於擔心孩子對自己原有生活軌跡的影響。

2. 克服產後憂鬱的建議：幫助新手媽媽消除負面因素的影響（新手爸爸可以共同承擔育兒的責任）、飲食、運動與光照組合療法（補充維生素、曬太陽與運動）、轉移注意力，找回意義感（考駕照或證書、健身與學習）、扭轉情緒認知。

愛丁堡產後憂鬱症評估量表

請您評估過去七天內自己的情況（非今天而已）

1. **我能看到事物有趣的一面，並笑得開心。**
   0 同以前一樣　1 沒有以前那麼多　2 肯定比以前少　3 完全不能
2. **我欣然期待未來的一切。**
   0 同以前一樣　1 沒有以前那麼多　2 肯定比以前少　3 完全不能
3. **當事情出錯時，我會不必要地責備自己。**
   3 大部分時候這樣　2 有時候這樣　1 不經常這樣　0 沒有這樣
4. **我無緣無故感到焦慮和擔心。**
   0 一點也沒有　1 極少有　2 有時候這樣　3 經常這樣
5. **我無緣無故感到害怕和驚慌。**
   3 相當多時候這樣　2 有時候這樣　1 不經常這樣　0 一點也沒有
6. **很多事情衝著我而來，使我透不過氣。**
   3 大多數時候您都不能應付　2 有時候您不能像平時那樣應付得好
   1 大部分時候您都能像平時那樣應付得好　0 您一直都能應付得好

7. **我很不開心，以致失眠。**

3 大部分時候這樣　2 有時候這樣　1 不經常這樣　0 一點也沒有

8. **我感到難過和悲傷。**

3 大部分時候這樣　2 相當時候這樣　1 不經常這樣　0 一點也沒有

9. **我不開心到哭。**

3 大部分時候這樣　2 有時候這樣　1 只是偶爾這樣　0 沒有這樣

10. **我想過要傷害自己。**

3 相當多時候這樣　2 有時候這樣　1 很少這樣　0 沒有這樣

- 各項目為0至3分，總分30分。
- 總分9分以下，絕大多數為正常。
- 總分10至12分，有可能為憂鬱症，須注意及追蹤並近期內再次評估或找專科醫師處理。
- 總分超過13分，代表極可能已受憂鬱症所苦，應找專科醫師處理。

08

情緒性胃病不僅僅是心理作用

心身疾病患者需要同時進行生理與心理治療，如果過分誇大患者心態調整的主觀能動性（「加油，你能行！」），是無法擺脫症狀的。

某位親戚問我，為什麼自己的孩子一緊張就胃痛，尤其臨近考試時總是嘔吐。

我是研究心理學的學者，並不是腸胃科醫生，為什麼孩子得胃病要來諮商？原來這位親戚認為：「他這些毛病都是心理作用引起的，我們平時把他照顧得很好，飲食起居很規律，從來沒有亂吃外面的東西，他怎麼可能有胃病呢？而且他不考試也不犯胃病，一到考試就犯胃病，這不是心理作用是什麼？」

這位親戚有一點沒說錯：情緒問題確實會導致胃病，但另一點說錯了，他認為情緒性胃病不是胃病。作為一個胃潰瘍老患者，我對親戚家孩子的情況再熟悉不過了。我曾經在高三時，緊張的時候有過每天胃痛得死去活來的經歷，後來這些症狀被診斷為情緒性胃病以及腸激躁症（Irritable Bowel Syndrome，簡稱ＩＢＳ），這是學習壓力太大導致的。

起初，每當我胃痛的時候，爸媽總是用滿滿的正能量鼓勵我——「別怕！你這不是胃病，你就是心理作用！」「加油！你可以的！」「你別總想著，越想越覺得疼，不想就沒事了！」

然而我的胃顯然有它自己的想法，鼓勵和正能量都不見效。後來家人見我實在無法忍受，終於帶我去做胃鏡。在拿到「胃潰瘍」診斷的那刻，我委屈地哭了出來，有一種沉冤得雪的心情：「看吧，我是真的痛！」我母親也很納悶：「醫生不是說是情緒引起的嗎？那不就是心理作用？怎麼還真的胃潰瘍了？」

情緒引發的疾病不是心理作用產生的幻覺

我們總說「心病還需心藥醫」，所以很多人（尤其是老一輩人）往往存有誤解：心理性、情緒性的疾病引起的生理症狀都是幻覺，不需要治療。

這種誤解在我們的社會文化中非常典型和普遍：「心理疾病」等於「沒病」，「情緒問題」等於「沒有問題」，「心理作用導致的難受」等於「不是真的難受」。所以周圍的人總是試圖透過「安慰」、「開導」、「鼓勵」來讓我們無視症狀或戰勝症狀。

很多人會片面地認為，胃部疾病是飲食不規律、不健康導致的。譬如我經常聽到這樣一句話：「我今天沒吃什麼不乾淨的東西，怎麼會肚子痛呢？」

其實大多數胃痛是由於胃黏膜受到不同程度的損傷引起的。「胃部疾病都是亂吃東西導致的」這種觀點雖然片面，但是常見的胃黏膜攻擊因子確實是刺激性食物（例如冰、油、辣、燙）居多。然而情緒性胃痛也是胃病，也會有真切的生理症狀存在，甚至引發器質性病變，譬如胃黏膜損傷、胃潰瘍等。

壓力大會引起消化系統疾病

一個人如果處於精神緊張、焦慮、憤怒、疲勞等高壓狀態下，這些不良情緒會透過大腦影響自律神經系統，使自律神經系統的交感神經興奮，並且壓抑副交感神經。伴隨著交感神經興奮的是或戰或逃反應，因此大量血液會向肌肉集中（保證有足夠的力量來戰鬥或逃跑），而消化系統（主要受副交感神經調控）的供血則會被壓抑，從而導致供血不足。

長此以往，容易引起胃腸道功能失調，導致保護胃黏膜的黏液分泌減少，而胃酸和胃蛋白酶分泌過多。過多的胃酸會使胃黏膜受到損傷。也就是說，心理壓力也會導致器質性損傷，帶來真真切切的胃痛，甚至發展成胃潰瘍。

與此同時，在或戰或逃反應被激勵的情況下，身體要為戰鬥或是逃跑做準備，就會主動減輕自己的負擔，最簡單的方式就是引發嘔吐。長期嘔吐非常傷害消化系統，導致胃酸逆流、胃潰瘍等疾病。

不可輕忽的心身症

在心理學中，這種由不良情緒引發的生理疾病被稱為「心身症」（Psychosomatic Diseases）。心身疾病的發生、發展與心理和社會因素密切相關，但以生理症狀表現為主。它具有幾個特點：首先，心理因素在疾病的引發過程中起重要作用；其次，它會出現生理症狀，並且有器質性病理改變；最後，也是更重要的，這些生理症狀雖然由心理因素導致，但並非個人臆想出來的病徵，不能用簡單的「心理作用」來解釋。胃病（例如胃潰瘍、十二指腸潰瘍等）就是一種非常典型的心身疾病。

心身疾病患者需要同時進行生理與心理治療，如果過分誇大患者心態調整的主觀能動性（「加油，你能行！」），是無法擺脫症狀的。所以僅僅依靠心理調節，而不給予藥物治療，很容易延誤病情。

因此，我建議那位親戚帶孩子去醫院就診，給予恰當的藥物治療，不要諱疾忌醫，不要排斥用藥。當心身疾病發生時，不要抱有「心病還需心藥醫」的錯誤觀念，心理干預或者心理調節很重要，但是對症用藥、緩解生理症狀也是非常必要。它不僅可以減輕症狀、消除痛苦，還能幫助患者緩解因為生理症狀而加重的焦慮，樹立戰勝自我的信心。

本章重點

1. 情緒性胃痛也是胃病，也會有真切的生理症狀存在，甚至引發器質性病變，譬如胃黏膜損傷、胃潰瘍等。
2. 心身症的生理症狀雖然由心理因素導致，但並非個人臆想出來的病徵，不能用簡單的「心理作用」來解釋。胃病（例如胃潰瘍　十二指腸潰瘍等）就是一種非常典型的身心疾病。
3. 當心身疾病發生時，不要抱有「心病還需心藥醫」的錯誤觀念，心理干預或者心理調節很重要，但是對症用藥、緩解生理症狀也是非常必要。

09

重大事件前的焦慮緊張

嚴重焦慮的人最大的問題就是「學不會接納」——不能接納不完美，不能接納未知，不能接納百分之一的不確定性。他們會把百分之一的擔憂放大成百分之百的恐懼。

重大事件前緊張未必是壞事。眾所周知，一個人的心態可能會影響他的發揮，甚至是結果的好壞。但是總有一些人平時心態穩定，表現良好，一遇到重大事件就會非常焦慮緊張。譬如，每年大考前都會有人問我「考前緊張怎麼辦」。

我一直強調，遇到重大事件一點都不緊張的人，可能並不會比緊張過度的人表現更好，適度的緊張反而會讓人有更好的表現。

從進化的角度來說，緊張、焦慮等負面情緒是幫助我們更能適應環境的一種正常反應。

適度的緊張焦慮能夠激發臟器的潛能，提高思考力、反應力和警覺性，幫助我們趨利避害，提高我們在壓力狀態下的表現。

就焦慮和績效之間的關係，葉杜二氏法則（Yerkes-Dodson Law）指出，個人的動機和工作績效之間呈現出「倒U型」曲線的關係；也就是說，適度的壓力有助於做出更好的績效，完全沒有壓力和壓力過大都會降低績效。壓力太大了會把擔子繃斷，但毫無壓力同樣無法取得成果。

所以大事之前緊張未必是壞事，對大部分人來說，學會「接納自己的緊張」就可以了。

好心態不等於不愁不想

要想保持好的心態，首先要弄明白什麼是好心態。好心態並不等於什麼都不想、什麼都不愁。假設有人什麼都不知道，兩眼一抹黑，壓根就不緊張——那只是無知者無畏。他們的內心多半是：「擔心做不好？這還用擔心嗎？不用擔心！肯定做不好啊！」

我的觀點是：保持警覺而不緊繃。

「保持警覺」是指讓身體在一段時間內保持高度喚醒的狀態，讓神經傳導物質維持在較高的分泌水平，這樣的狀態是用來保持健康活力和冷靜的思考力，不是用來胡思亂想的。

「不緊繃」就是不要把自己變成驚弓之鳥，保持平時的節奏，吃喝睡覺都不必差別對待。譬如有人在大考前夕不能接受周圍發出的任何一點聲音，有的家長甚至會去跟鄰居打招呼，請周圍的人不要發出任何正常生活會發出的聲音。雖然這個做法大部分人都能理解，但這反過來會給考生製造緊張壓力。

適度緊張有助於發揮，過度緊張可適度調整

我們知道，壓力可導致交感神經系統興奮，腎上腺素、去甲腎上腺素、血清素等分泌增加，這些激素、神經傳導物質原始的作用並不是為了傷害人體，而是為了提高我們的表現準備的。譬如「急中生智」這句成語就是在緊急壓力的刺激下增加神經傳導物質和激素的分泌，從而提高一個人的表現水準。

但長期過度的壓力，會導致HPA軸（下視丘—腦下垂體—腎上腺軸〔Hypothalamus-Pituitary-Adrenal，簡稱HPA軸〕）被過度激發，對海馬迴造成毒性反應，從而影響表現。

如果你感到自己在重大事件前過度緊張了，無法保持活力和警醒，變得更加頹廢，建議你嘗試以下方法進行自我調整。

一、著眼當下　不想未來

人類從什麼時候開始焦慮的？始於我們對「未來」這個概念有了認知。所謂「人無遠慮，必有近憂」，當我們開始為未來做計劃、做設想的時候，焦慮的情緒便產生了。

如果我們對未來過度擔心，將未來的風險以及願望落空的可能性進行了不合理的誇大，就會導致焦慮發作甚至引發焦慮症。很多人說我特別淡定，好奇我是怎麼做到的？我的想法就是：不念過去，不想將來。過去的事情，已經過去了；將來的事情，只要做好現在該做的，其他的交給運氣。

這並不是教大家不要謀劃未來，而是想說美好的未來是腳踏實地做好當下，一步步鋪墊形成的，不是躺在床上胡思亂想就能自然實現。

假設你發現自己陷入了對未來無意義的恐慌中，一定要將自己抽離出來。譬如，明天要向客戶做簡報，現在就好好排練演講；明天要考試，現在就好好複習；哪怕休息一會兒，看看書，澆澆花草都是不錯的選擇。著眼當下、聚焦當下，不去想「萬一明天發生什麼會怎樣」。不管是休息還是著手準備，都好過莫名擔憂。

二、進行冥想與正念訓練

「正念」一詞源自佛教，被心理學概念應用之後，去除了宗教意義的部分，留下了放鬆訓練的功能。

正念訓練的具體做法是：選擇一個關注的對象，可以是窗外的雨聲，或是自己的呼吸乃至身體感覺；再選一個舒服的姿勢坐下來，配合指導語，閉上眼睛，腹式呼吸放鬆一分鐘後，調整至自然呼吸，將注意力集中在雨聲或呼吸聲。

正念訓練過程中，注意力轉移和思緒飄散都很正常，不要害怕和著急，也不要評判自己，將思緒拉回繼續觀察即可。通常，放鬆練習時間是十分鐘至十五分鐘，不會耽誤正事。

正念其實就是訓練個人「關注當下、不念過去、不想將來」的一種方法。除了正念訓練，瑜伽、冥想等輕柔運動也有類似的放鬆作用。

三、全然自我接納

鹿老師曾經在某社交平台上關注一位神經內科醫生，他專門治療焦慮、精神緊張等問題。我們挺欣賞這位醫生的風格，那是真正的通透。這裡引用他說過的幾句話：面對焦慮、緊張、恐懼時，告訴自己：瘋了就瘋了，死了就死了，不就多大點事啊！

這位醫生的話，看起來很「消極」，很不「正能量」，但是他的患者都表示「太治癒了」。這是為什麼呢？假設揪著他的話反駁，有些字眼可能經不起推敲——瘋了怎麼行？死了怎麼行？命運怎麼能不抗爭？失眠怎麼能放任？但這番話的字面意思並不是他的實際意圖，他也不是說給一般人聽的，而是專門針對那些嚴重焦慮的人。

因為這些嚴重焦慮的人最大的問題就是「學不會接納」——不能接納不完美，不能接納未知，不能接納百分之一的不確定性。他們會把百分之一的擔憂放大成百分之百的恐懼，甚至會因為百分之一的不確定毀掉自己百分之九十九的美好人生。

所以，這位醫生的話是「置之死地而後生」的說法。如果百分之一百的壞結果都能全然接納，那百分之一的不確定又有什麼可怕的呢？

還是很擔心突發狀況怎麼辦？

如果你還是有諸多擔心，譬如，「萬一有突發狀況，我準備了三個月的活動取消了怎麼辦？」「考試當天突然發燒怎麼辦？」還是我上面所說的——把注意力集中在自身無法控制且未必會發生的事件上，屬於瞎擔心。不妨將注意力集中在自己能夠控制的事情上，譬如去閱讀，讓思維保持清醒，或者去休息，保持充沛精力。

萬一真遇上突發狀況，最壞的情況就是白忙一場，這也不是什麼天塌下來的大事。我就遇到過這樣的情況，那時我告訴自己，「老天爺」不會一直跟我過不去，這次白費工夫，下次一定能成功。

本章重點

1. 遇到重大事件一點都不緊張的人，可能並不會比緊張過度的人表現更好，適度的緊張反而會讓人有更好的表現。
2. 保持好心態：保持警覺而不緊繃。保持警覺指讓身體在一段時間內保持高度喚醒的狀態，讓神經傳導物質維持在較高的分泌水平，這樣的狀態是用來保持健康活力和冷靜的思考力。不緊繃是不要把自己變成驚弓之鳥，保持平時的節奏。
3. 調節緊張的方法：著眼當下不想未來、進行冥想與正念訓練、全然自我接納。

10

過度換氣與恐慌症　壓力下的焦慮

恐慌症發作或許不存在任何誘因，
可能與生活中的壓力事件有關（譬如身體過度勞累、情感創傷等），
還可能與特定的情境有關（例如廣場恐懼症、人群恐懼症也可能誘發恐慌症）。

恐慌症是一種焦慮的發作，它不像「憂鬱症」、「焦慮症」等概念廣為人知。為了讓大家對它有比較具體的認知，我想分享一件生活中的小事。

那時我和妻子初入社會，在經歷了職場險惡、親人離世、健康亮紅燈等狀況後，鹿老師那段時間明顯情緒低落、日夜焦慮，身體也消瘦了。

風和日麗的一天，我在北京突然接到電話，說身在外地的鹿老師暈倒被送進急診。我趕到後醫生對我說：「她沒什麼大事，就是過度換氣，你是不是和她吵架害她大口喘氣了？

下次再這樣讓她緩慢深呼吸就行了。」

過度換氣

過度換氣症候群（Hyperventilation Syndrome），**它是指患者因為感到呼吸不暢，加快呼吸，體內二氧化碳不斷被排出，因二氧化碳濃度過低而導致的呼吸性鹼中毒**。症狀有呼吸困難、肢體麻木、頭暈眼花、心跳加速、心悸、暈厥、抽搐等，通常在恐懼、焦慮、生氣等狀態下容易誘發。

向醫生表達謝意後，我問鹿老師：「你為什麼會突然過度換氣？」她答：「不是，我一定是得了心臟病。我心悸胸悶，心跳特別快，手腳抽筋，渾身發軟發麻，像有無數隻螞蟻在身上爬，一陣陣涼氣從我的脊椎骨直衝腦門，我呼吸不到空氣，所以才大口喘氣，我剛才覺得快要死了。」

我看了她的檢查報告，心電圖、腦部掃描、血液檢查、X光片……所有檢查結果全部正常。起初我們以為這只是個偶發事件，但沒想到接下來幾天，她每天都要發作好多次，每次都痛苦得瀕臨死亡一般。於是我們又去了另外兩家醫院再做檢查，結果仍然是一切正常。

恐慌症

而我則在思考，即使醫生的醫術有高有低，儀器設備肯定不會同時發生故障。既然檢查結果正常，那說明她確實沒有器質性病變。此時，一連串的關鍵詞突然蹦進我的腦海中。

各項體檢結果正常——無器質性病變；根據鹿老師的症狀：

呼吸不到空氣——窒息感

感覺自己快要死了——瀕死感

渾身發軟，脊椎骨竄涼氣——恐懼感

身上像有螞蟻在爬——發麻、刺痛感

心跳特別快——心跳過速

我判斷應該是恐慌症發作。所謂恐慌症，是指一種突然襲來的極度恐懼的心理狀態，通常伴有胸悶心悸、心跳過速、眩暈、窒息、過度換氣、麻木刺痛、暈倒等生理症狀（請注意，上述症狀需要進行臨床檢查以排除器質性病變，也就是說，需要去醫院檢查排除心臟病等疾病），以及莫名的瀕死感、恐懼感、末日感、大難臨頭感等心理症狀，而患者甚至不知道自己為何恐懼。

人活一世，很多人難免要經歷一兩次恐慌發作。雖然症狀來勢兇猛，但恐慌發作大多數時候並不會對身體健康造成太大影響。

對於反覆出現的恐慌症，如果患者受困於此並且想方設法掩蓋其症狀，反而會使自己顯得舉止異常，長此以往，會影響正常的社交、工作、學習和生活。反之，這種心理壓力又會影響心境，加劇焦慮與恐懼，形成惡性循環。當這種狀態持續一個月以上，就可以稱之為「恐慌障礙」了。

恐慌症發作或許不存在任何誘因，可能與生活中的壓力事件有關（譬如身體過度勞累、情感創傷等），還可能與特定的情境有關（例如廣場恐懼症、人群恐懼症也可能誘發恐慌症）。

那段時間鹿老師經歷了工作高壓、親人離世等生活打擊，我大致可以確定她是焦慮症伴有恐慌發作症狀。幸好，她的症狀沒有超過一個月，還可以力挽狂瀾。

克服恐慌症的方法

治療任務就是鼓勵她離開糟糕的工作環境，陪她聊天散步，調整作息時間，早睡早起，督促她積極鍛鍊、積極生活（譬如跑步、爬山、騎行、看劇、逛街）……**最關鍵的是鼓勵她堅定「恐慌發作不會致死」的信念（恐慌發作最難受的症狀之一就是瀕死感），坦然接受症狀，靜待症狀消失（症狀通常只持續十至十五分鐘），並安撫她的情緒。**

大約兩週之後，她難受的頻率逐漸減少，最後，她完全恢復了正常，和原來一樣健康活潑，並且找到了心儀的工作。

幾年後的一天，她突然說道：「我今天聽說，我們一位朋友的朋友，天天喊自己心臟病發了，要死了，去檢查又沒有查出毛病，不知道自己是怎麼了，還被家人誤會為裝病。因為沒有及時就醫進行治療，後來都無法工作，天天頹廢在家，最後被診斷為反覆的恐慌發作，發展成了恐慌障礙。我這才意識到，你當時救了我，原來心理學真的是科學呀！」

寫出這段往事，並不是要指責當時的醫生醫術不精。因為醫生並不像我一樣瞭解鹿老師的情況，並且她當時也病得七葷八素，向醫生描述症狀也不夠精準。很多疾病的臨床症狀非常相似，並不能憑症狀就妄下結論。

如果患者社會適應良好、病程較短，經過生活方式調節和心理調整，通常無需藥物治療都能痊癒。但如果病程較長且重，甚至合併了憂鬱、藥物濫用、人格障礙等問題，這類患者的治療難度會更高。

所以，如果有疑似恐慌發作甚至恐慌障礙的讀者，請務必及時向心理諮商師或醫生求助，按照醫囑接受心理治療和藥物治療。症狀不嚴重的人，也可以按照建議的方法自我調整。症狀若沒有得到改善，要及時就診，切勿諱疾忌醫，小病拖成大病。

本章重點

1. 過度換氣是指患者因為感到呼吸不暢，加快呼吸，體內二氧化碳不斷被排出，因二氧化碳濃度過低而導致的呼吸性鹼中毒。
2. 恐慌症是指一種突然襲來的極度恐懼的心理狀態，以及莫名的瀕死感、恐懼感、末日感、大難臨頭感等心理症狀，而患者甚至不知道自己為何恐懼。
3. 克服恐慌症的方法：鼓勵患者堅定「恐慌發作不會致死」的信念，坦然接受症狀，靜待症狀消失；但病程長且合併憂鬱、人格障礙等，症狀若沒有得到改善，要及時就診，切勿諱疾忌醫，小病拖成大病。

11

強迫症　腦海中的惡毒聲音

強迫型人格障礙和強迫症在某些症狀上有一定的重合，
譬如可能都存在闖入性的思維，
並且強迫型人格障礙和強迫症也有可能同時發生在一個人身上。

你瞭解強迫症嗎？是不是物品都要按照顏色、大小擺放整齊，家裡必須打掃得一塵不染？生活中的一切都要求井然有序，對各種細節吹毛求疵，希望所有事物都按部就班且極盡完美？同時，對秩序、分類、乾淨、整潔等有著超乎常人的苛刻需求。確實，這些表現非常符合大眾對強迫症的一貫認知，然而這並非嚴格意義上的強迫症，只是一種強迫型人格障礙。

很多時候，一個人輕微的強迫型人格障礙並不會讓自己感到痛苦，也不會給自己和他人的正常生活造成太大困擾，甚至有人樂在其中。這類情況，其實沒有必要求醫，往往他們也沒有求醫意願。譬如，我停車時，總是把車停得橫平豎直，前後左右的距離必須相等，心裡才舒坦。我會為此感到痛苦嗎？**不會，相反我感到很快樂。所以，很多人把這種行為稱為「強迫福利」，因為他們從中體驗到的是愉悅**。

只有強迫型人格障礙比較嚴重，影響了正常生活，且有可能合併了焦慮症、恐懼症、刻板行為、強迫性闖入思維等症狀的，才需要求助心理諮商或精神內科醫生。

強迫症——做錯了必須重來

既然強迫型人格障礙並不是強迫症，那什麼才是真正的強迫症？譬如：「我必須右腳進門，不然就要下樓重新走一次。」「我必須數清楚路邊的每一棵樹，不然就會死掉。」「在紅綠燈轉換之前，我不能眨眼或者呼吸，否則就會有災難降臨。」「到達下個路口之前，我必須一字不差地背完一首唐詩，不然就得退回去重新走一遍。」等等。

有人將這些想法稱為「腦海中的惡毒聲音」，表達得比較直白——明明知道某個想法、行為不合理甚至荒謬，卻無法控制自己的意志，強迫自己做出無意義的甚至違背意願的思考或行為，譬如：強迫懷疑：反覆檢查門窗有沒有關，檢查了一遍又一遍；強迫回憶：強迫自己回憶某件事，回憶錯了逼著自己重來一遍；強迫數數：看見路邊的路燈或者柱子，逼著自己數，數錯了還要從頭再來；強迫聯想：看到某句話，無法自控地聯想另一句話；強迫衝動：無法自控地出現某種不合時宜的衝動，譬如從高處跳下去、在主管面前做鬼臉、破壞公共財等等；強迫儀式行為：明知毫無意義，卻逼著自己反覆做出某個動作或某種行為，做錯了也得重來……

這些強迫思維或強迫行為具有強烈的闖入性。雖然客觀上看起來這些事情都是自己可以控制的，但患者其實無法自控，他們用盡方法極力抵抗，卻始終無法阻擋這些想法和衝動的侵入，並且因此嚴重影響到正常的學習、生活、工作和社交等。

譬如上述例子裡的「我必須右腳進門，不然就要下樓重新走一次」就是一種強迫性的儀式動作，患者往往會強迫自己完成一系列帶有迷信意味的複雜儀式動作，來消除內心的焦慮不安。又譬如進門前必須跺五次左腳，再跺五次右腳，其中某一次完成得不好必須重來，否則就會遭遇不好的事情。

強迫症往往有個特點：重複。這會導致患者在無意義的舉動上花費大量時間。真正的強迫症帶給患者的痛苦和困擾是巨大的。

當然，強迫型人格障礙和強迫症在某些症狀上有一定的重合，譬如可能都存在闖入性的思維，並且強迫型人格障礙和強迫症也有可能同時發生在一個人身上。所以非專業人士有時難以嚴格區分這兩種症狀。

強迫症的治療

長期且嚴重的強迫症，需要求助心理醫生，接受系統的專業治療，譬如認知行為療法、人際關係療法。更嚴重者需要在精神科醫生的指導下進行藥物治療（我認識的一位朋友患有嚴重強迫症，藥物治療後有所改善）和物理治療（譬如無抽搐電休克治療）等。

如果症狀並不嚴重，也可以嘗試自我調整。

一、放鬆療法

強迫症往往和焦慮情緒密不可分。譬如焦慮忘記鎖門，焦慮如果不做某個行為可能導致嚴重後果等等。緩解焦慮的方式比較多樣，可以透過正念訓練、冥想放鬆等方法對抗腦中闖入的雜念，也可以透過按摩、運動、娛樂等方式來舒緩緊繃的神經。

以正念為例，正念強調「不評價，只感受」，即使對於闖入的觀點，也只是觀察它、記錄它，不做評價。舉個例子，你突然想到「今天萬一沒鎖門怎麼辦」，如果你的評價是「完蛋了」、「這個問題一定要解決」，這個突然闖入的想法就可能成為問題；相反，如果你的反應是「沒必要去管」、「沒鎖就沒鎖吧」，那它就不再成為困擾。

假如我們把腦海中的想法、感覺等比作火車，那麼只需要簡單地退後一步，站在旁邊看著火車開過，用「不反應」來面對每個念頭、情緒和身體感受。

二、過度暴露療法——改變錯誤認知

改變錯誤認知往往需要結合暴露療法或系統脫敏療法，譬如將患者暴露在「可怕」的情境中——摸了髒東西不能洗手、東西雜亂不能整理、離開家後不能回頭檢查房門、不跺腳直接進門等等。**在這些「可怕」的情境下不採取任何行動，看看是否會有可怕的後果發生，讓客觀事實來扭轉錯誤的認知。**

錯誤認知得以扭轉，症狀才能逐步得到控制。同時這種暴露應由淺到深，必要時需有家人（甚至治療師）陪伴，以便及時應對患者突發的情緒問題。

三、接納症狀

實在控制不了症狀，那就把心態放寬一些。有時候越是強迫自己「不要強迫」，就越是容易促使自己「強迫」。不如不迴避、不消除、不對抗，接納症狀，與症狀和平共處。跺腳也好，拍手也好，「我只是一個有點小動作的正常人而已」，不把自己當成「怪人」。不刻意迴避症狀時，就不會過度關注它，反而能在一定程度上緩解症狀。

四、讓「小助理」執行任務

這個方法不是教科書中介紹的「官方」療法，而是一名患者的經驗之談。強迫症其實很難根治，但是這個「偏方」也許能減輕患者的痛苦和困擾，降低強迫症對生活、社交的影響。具體而言，你會在腦海中幻想出一個「小助理」，幫助自己完成闖入的強迫思維、衝動或行為。「小助理」可以沒有具體形象，也可以有具體形象，譬如白雪公主或是某位你喜歡的老師。

當腦海中又出現「惡毒聲音」的時候，就請「小助理」幫助你「一鍵完成」強迫動作。譬如你強迫自己跺腳一百次時，就請出腦海中的「小助理」：「白雪公主，請幫我完成跺腳。」再譬如當你強迫自己背誦十五遍《道德經》時，又可以請出另一位「小助理」：「張老師，請背誦十五遍《道德經》。」

透過這種方式，**大腦不必再被那些龐雜無用的訊息無限佔據和干擾，患者也不用擔心成為別人眼中整天拍手跺腳的怪人。雖然強迫症並沒有被根治，但是它帶來的痛苦和對生活的影響減少了**。

這個方法挺有意思的，有此困擾的朋友也許可以嘗試一下。當然，症狀嚴重、經過自我調節之後仍然無法改善的，不要諱疾忌醫，最好到醫院進行治療。

本章重點

1. 強迫症指的是明明知道某個想法、行為不合理甚至荒謬，卻無法控制自己的意志，強迫自己做出無意義的甚至違背意願的思考或行為。主要特點：重複。這會導致患者在無意義的舉動上花費大量時間。真正的強迫症帶給患者的痛苦和困擾是巨大的。
2. 強迫症的自我調節：放鬆療法、過度暴露療法改變錯誤認知、接納症狀、讓「小助理」執行任務。

12

遲到強迫症　成長的創傷

遲到只是一個表象，就像身體表面的潰爛，看著怵目驚心，但潰爛的膿瘡本身不是病，而是病症引起的白血球對身體的自我保護。

我認識一位愛遲到的朋友。從上小學第一天到工作後的第N年，她始終穩坐「遲到大王」的寶座。為此，她從小經常被父母責罵與說教，成年後也時常收到主管轉發的職場警句和人生忠告，譬如細節決定成敗、遲到的員工沒有前途、餘生必將在黯淡悔恨中度過等等。

然而，不管父母怎麼責罵，或被扣了多少全勤獎金，都無法阻擋她想遲到的心。哪怕某天起了個大早，她也一定會因為種種原因——沒搭到車、沒化好妝、出門跌了跤、衣服被鉤破了等等——而遲到。

起初，我和所有人一樣，只當她不守時、沒有責任心。後來才發現，在她面臨的人生問題中，遲到真的不算重要，更嚴重的是她焦慮憂鬱、敏感易怒，有評價恐懼症、強迫症行為，以及極其扭曲的原生家庭關係。

或者說，遲到只是一個表象，就像身體表面的潰爛，看著怵目驚心，但潰爛的膿瘡本身不是病，而是病症引起的白血球對身體的自我保護。

因此，我安慰她：「遲到算什麼，是需要殺頭的罪過嗎？」

我這番話當然遭到了周圍人的批評。遲到怎麼不嚴重？面試遲到，得不到工作機會；見客戶遲到，可能影響一門生意；見主管遲到留下的不良印象，幾倍的優良表現都無法彌補……這些說法都對，我自己很守時，也非常不喜歡別人遲到。但為什麼我要安慰她遲到是一件不重要的小事呢？

遲到強迫症

因為隨著接觸的深入，我發現她在開會、見客戶、做活動、趕飛機等重要事項中，從來沒有遲到過。這就意味著，她明明可以做到不遲到。同時這也指向一種可能性——問題並不在「遲到」本身。

再後來我又發現，她並不是不在乎遲到這件事。相反，她對自己天天遲到倍感困擾，因此經常焦慮到整晚睡不著，於是上網搜尋避免遲到的小秘方直到半夜，第二天毫無懸念地起不了床，又遲到了。她也非常在意主管和同事指出她常遲到的問題，儘管別人是出於善意，她的玻璃心卻能立刻碎成一地。

她對遲到的焦慮程度，甚至超過了遲到本身對她的影響。不光是遲到，生活中方方面面的小事都給她帶來了同樣的困擾。她每天活在自責中，認為自己是個一事無成的失敗者，也活在對前途渺茫的恐懼中。儘管這樣，她卻無法「痛改前非」。

反向作用的心理防衛機制

她的遲到幾乎是一種「強迫」行為。即使時間充裕，她也會因為各種原本可以避免的原因磨蹭到最後一刻。假設她九點上班，從家到公司路程正常需要一小時，再算上堵車時間，只要七點三十分出門就完全可以避免遲到，但她不會給自己預留任何餘地，寧可磨蹭到七點五十九分也絕不會提前出門。一旦遇到堵車或其他突發狀況，遲到就毫不意外了。

這和「晚睡強迫症」又有相似之處。說是晚睡強迫症，沒有勇氣結束這一天，其實都是源於內心對一件事情的排斥，而這種排斥可能自己都未曾察覺。它是潛意識中一種「反向作用」（Reaction Formation）的心理防禦機制，內心越喜歡，表現出來卻是越排斥；內心越抗拒，表現出來就是越無法擺脫。

這位愛遲到的小姐姐後來敞開心扉說，類似的事情在她的成長經歷中還有很多：雞蛋剝得不光滑，被斥為「弱智」、「小事都做不好」、「讓人瞧不起」；房間亂意味著「不自愛」、「邋遢」、「嫁不出去」；穿個背心，就是「有傷風化」或被形容「肥得像豬一樣」。

這些被父母痛斥的「罪狀」，她一條都沒有改正。她只能在父母看不見的地方，焦慮自責的同時又「屢教不改」。於是在她每次訴苦時，我都不厭其煩地告訴她：雞蛋剝得不光滑又怎樣？剝得好能競選總統嗎？不會收拾屋子有什麼？只要花點錢，打掃阿姨就可以幫你做得又快又好，透過社會分工可以解放自己，為何非要跟自己過不去？穿背心怎麼了？有公共場合行為不檢的罪名嗎？會被檢舉嗎？

有人可能要反駁，動手能力差，不整潔自律，不懂著裝穿搭，確實是會被扣分。你們說得都沒錯，但如同遲到一樣，和她的心理問題相比，這些小事真的不重要。

治癒內心的成長創傷

「我長大後唯一改掉的大概就是留指甲。」她說。小時候父母不許她留長指甲，見她指甲長了就會咬牙切齒地罵她：「噁心」、「齷齪」、「不像正經女孩」，甚至還因此揍過她。即使這樣她還是留了十八年的長指甲，幾乎到了不挨揍就不剪的地步。

大學時，開始有了轉機。她有位女同學整潔、美麗又溫和，而且成績優異，據她形容「像陽光照進了我的生活般」。儘管那位女同學並不知情，她開始以那位女同學為榜樣，模仿她的衣著，學著她整理書桌，跟著她去圖書館自習。

有一天，這位女同學無意中說了一句：「你的指甲有點長喔！」從那以後，她再也沒有留過長指甲。就像她明明可以不遲到一樣，她也可以做到不邋遢。她並不是熱愛遲到、熱愛晚睡、熱愛邋遢，她只是太熱愛反抗父母了。

記得叛逆期的孩子嗎？雖然在父母的高壓管教下，孩子最終不得不屈服，可父母暴怒的表情、焦急的嘮叨，對反抗中的孩子來說，簡直是糖果一般的誘惑。

簡言之，這是親子間長期無效且反效果的溝通，所造成的失敗教育的案例——**孩子敏感焦慮、父母簡單粗暴。對於生活中的一些缺點，她本是中性的態度，卻在父母的斥責中不斷得到強化。她一方面將這些負面的童年經歷延伸至成年後的生活，另一方面又在焦慮和迷茫中對反叛的快感欲罷不能。**

父母怒氣沖沖的模樣，已經內化成她心底自動反射的思維，開始體現在：當有人從社會常理的角度教訓她遲到、邋遢的惡習時，她心中便會自動喚醒創傷體驗，感受到強烈的羞辱。

她將說教者視作父母的投射、強權的化身，本能地對假想敵產生排斥和抵觸情緒，一再「屢教不改」。直到正面榜樣出現，才觸發了她內部渴望改變的動力。一個是外部的壓力，一個是內在的動力，驅動力不同，行為方式也會不同。

自我救贖與和解

精神分析大師佛洛伊德的精神分析提到了兒童期經歷對成人人格的影響，同時他還提到了個人為了緩解焦慮而採用的無意識對抗方式，如防禦機制，即以某種歪曲現實的方式來保護自我，緩和或消除不安和痛苦（記住，防禦機制本身不是病理性質的，相反，它們在維持正常心理健康狀態上起著重要作用。但正常防禦功能作用改變的結果可引起心理病理狀態）。

防禦機制中有個類別叫攻擊機制。遲到或其他壞習慣，是表達對父母不滿的一種方式，即「你不許我幹什麼，我偏要幹什麼」。假設父母更為強勢，反抗意識就被壓抑到了潛意識裡，即「我也不想和你唱反調呀，但我就是做不好，怎麼辦！」。

當然，佛洛伊德在現代心理學中擁有兩極化的評價，其被詬病的主要問題在於：無意識、潛意識到目前為止還不能夠被很好地實證。

因此，後佛洛伊德主義的學者開始從另外的角度進行人格研究。艾瑞克．艾瑞克森（Erik H. Erikson）早期曾受到佛洛伊德的女兒安娜．佛洛伊德（Anna Freud）的影響，提出了個人發展的八個階段理論＊。這一理論認為在心理發展的每個階段都存在一個待完成的「任務」，成功完成任務可以增強自我力量，幫助個人更能適應環境，順利度過這一階段，並且提高後續階段任務完成的可能性。

青春期（十三歲至十九歲）的重要任務就在於獲得同一性，即自我意識的確定和自我角色的形成。如果不能很好地獲得同一性，就會產生「自我認識」與「他人對自己的認識」之間的不一致性，導致的結果不是強烈對立，就是盲目順從。

按照艾瑞克森的理論，如果一個人沒有順利度過某一階段，那他就無法平穩地進入人生的下一階段。譬如我的這位朋友，儘管已經步入成年，卻還陷溺在青春期反抗父母的叛逆幻覺中無法自拔。

＊艾瑞克．艾瑞克森（Erik H. Erikson，1902-1994）的心理社會發展八階段理論，每個階段都有必須要完成的任務。1.嬰兒期：基本信任和不信任的心理衝突。2.兒童期：自主與害羞和懷疑的衝突。3.學齡初期：主動對內疚的衝突。4.學齡期：勤奮對自卑的衝突。5.青春期：自我同一性和角色混亂的衝突。6.成年早期：親密對孤獨的衝突。7.成年期：生育對自我專注的衝突。8.成熟期：自我調整與絕望期的衝突。

在我的建議下，她和父母一起去看了心理醫生。這就是為什麼我一再告訴她（或與她存在類似問題的人），遲到是一件不重要的小事。

當她和父母終於都接受了「遲到等缺點並沒有那麼可怕且不是不可原諒」的觀點之後，她並沒有變本加厲地成為遲到狂魔。相反，她的遲到連同其他「惡習」都大為改觀了。

她的自我救贖是持續多年、中間來回反覆的長期過程。在堅信「相較於情緒問題，這些小缺點真的不重要」之後，再加上自我調整，她終於肯摒棄反抗對立的思維，與潛意識中不斷埋怨她的父母和解，與內心不肯成長的青春期叛逆少女和解。

解開心結，脫離心魔，像割掉毒瘤一般艱難。而她發自內心地想擁有全新的生活方式，這才是她積極成長的真正原因。

本章重點

1. 遲到只是一個表象，就像身體表面的潰爛，看著怵目驚心，但潰爛的膿瘡本身不是病，而是病症引起的白血球對身體的自我保護。

2. 「反向作用」（Reaction Formation）的心理防禦機制，內心越喜歡，表現出來卻是越排斥；內心越抗拒，表現出來就是越無法擺脫。

3. 成長的創傷表現於將說教者視作父母的投射、強權的化身，本能地對假想敵產生排斥和抵觸情緒，一再「屢教不改」。直到正面榜樣出現，才觸發了她內部渴望改變的動力。

4. 自我和解：遲到是小事，必須先處理內在問題。摒棄反抗對立的思維，與潛意識中不斷埋怨她的父母和解，與內心不肯成長的青春期叛逆少女和解。

心理學家榮格（Carl Gustav Jung）討論「中年危機」時提出了一個概念：生命週期的轉換（Life Transition）。在這個轉換過程中，人們可能面臨各種各樣的挑戰，導致一系列心理壓力、情緒問題的出現。

綜觀整個生命歷程，我們任何的人生階段都會伴隨巨大的身分轉換危機：高中生第一次大考，年輕人剛畢業開始進入職場，中年人工作嚴重內耗，思考是否要重回校園，讀書充電，或是留在大城市繼續打拚還是回故鄉，開始第二人生等等，這些人生大事的關口都會帶來一些挫折、打擊和自我懷疑。

其實我想說的是，不要把眼前的挫折無限放大，因為挫折是人成長過程中必然會經歷的，起起落落是生活的常態。也不要害怕與自我懷疑。因為一個人經過了「自我懷疑」階段，就會進入「自我整合」階段，整合得好就可以邁入下一個階段——「自我昇華」。

PART 3

人生大事記

在不斷做決定中匍匐前進

當你開始覺得自我懷疑的時候，其實說明你要成長了。因為當我們的認知能力還不夠的時候，往往會處於「我不知道自己不知道」的自信高峰，而當我們開始懷疑自己的時候，恰恰說明我們已經向前邁進了一大步，進入了「我知道自己不知道」的自省階段，再經過思考和學習之後，就會進入「我知道自己知道」的自我一致性的狀態了。

養成自我整合的心理狀態，不為偏見所困，不被惡意所累，今後自然會選擇一個更適合自己、更能發揮自己所長的身分和道路，而不是折斷自己的翅膀，限制所有的可能性。

01

內驅力與外驅力　找到人生的答案

每個人都在用自己的方式點亮自己的技能，
練就了自律、嚴謹、效率、進取、思考、洞察等特質。
若沒有連結這一切相應的美好品質，這場考試的結果也就沒有意義。

考試不是人生唯一的入場券

大學考試重要嗎？我認為當然是的，否則不會有「千軍萬馬」來湊這個熱鬧。但大學考試也確實不是人生唯一的入場券，很多沒有經歷過大學考試的人，例如一些企業家、明星、作家……都還是能在各自的領域閃閃發光，這些各行各業的成功人士很多沒有考過大學，卻一樣透過自己的努力獲得了了不起的成就。

那為什麼我們還要選擇大學考試？

因為一個人成為明星的機率可能小於飛機失事的機率，而一個人透過大考獲得不錯生活的機率卻很高。學歷、職業、擇偶很大程度上決定著一個人今後的眼界、價值觀和資源，從而也就直接影響生活的方式與品質。

大學考試是對人生前十八年積累的實力的驗收。為了在這場「戰役」中取得勝利，**每個人都在用自己的方式點亮自己的技能，練就了自律、嚴謹、效率、進取、思考、洞察等特質。若沒有連結這一切相應的美好品質，這場考試的結果也就沒有意義。**

但如果在考試中沒有發揮出理想的水準，沒有考上心儀的學校。他們的人生就完蛋了嗎？沒有。因為他們身上具備的這些優秀品質和能力並未消失。自律、進取、善於思考的人，今後無論是深造學習還是走入職場，終究會脫穎而出。

相反，如果一個人認為考試結束就意味著比賽到了終點，丟棄了那些美好品質，那麼考試對他的意義真的就只是決定了他去哪個城市打遊戲而已。

曾經有學生對我說：「考進了頂尖大學，害怕自己不再是鳳毛麟角的佼佼者，心理會承受不了這種巨大的落差。」其實，因為承受不了這種巨大落差而出現心理問題，甚至嚴重影響學業和生活的孩子，我想是他們在前進道路上的驅動力出現了問題。

找到前進的內驅力

當一個人努力奮鬥的動力來自「名列前茅」的快感，或是來自父母老師的嚴厲管教時，這種驅動力就是外驅力。一旦這個外驅力消失，他自然就沒有力量再前進。譬如進入大學後父母不在身邊監督，考入名校後成績也不再數一數二了。

而當他的行為驅動力為內驅力的時候，譬如明白自己想要成為一個怎樣的人，或者想要過怎樣的生活，或是享受做某件事的過程，情形就完全不同。這個時候外驅力的消失，只會讓他的人生目標越發清晰。

拿我自己來說，進入北大之後，雖然不再數一數二，不再有父母看管，但在經歷了短暫的迷茫之後，我感到了前所未有的確定，確認我喜歡的就是這種每天和術業專精的學者交流、每天泡在圖書館裡翻書查資料的生活。「我享受做研究的過程」這個內驅力從未改變，「不再數一數二」這個外驅力對我的影響也就很有限。

我是個很小就確定人生目標的人。但很多孩子對我說，自己在大考結束之後很長一段時間，並不明白自己想要什麼樣的生活。無論考得好還是不好，很多人會覺得恍然如夢，並懷疑「這就是故事的結局嗎？」。

這都不要緊。因為並不是每個人都能在一開始就釐清一條清晰的未來路徑，只要他還保有思考力和進取心，每個經歷都不會白費，它們會在某種機緣巧合之下共同作用，幫助他逐漸拼湊出完整的人生拼圖，獲得想要的答案。

本章重點

1. 大學考試是每個人都在用自己的方式點亮自己的技能，練就了自律、嚴謹、效率、進取、思考、洞察等特質。若沒有連結這一切相應的美好品質，這場考試的結果也就沒有意義。
2. 當行為驅動力為內驅力的時候，譬如明白自己想要成為一個怎樣的人，或者想要過怎樣的生活，或是享受做某件事的過程，情形就完全不同。這個時候外驅力的消失，只會讓他的人生目標越發清晰。

02

長大成人　掌控自己的人生

生活將主動權完全交給我們，後果也由我們完全承擔，因此我們就有了選擇的自由，也意味著我們需要發展出更加自律的能力。

十八歲的我們，喜歡用這種方式來宣告自己長大了：打破好孩子的生活軌跡，意味著自由獨立；挑戰父輩的權威，會感受到單槍匹馬挑戰全世界的英雄感。

正所謂誰的青春不放飛，人不「中二」枉少年。

人不輕狂枉少年

某個暑假，我整整一個月沒有見過太陽，沒日沒夜地玩遊戲，玩到天亮睡覺，下午起床接著玩。還有一次，我想要在女同學面前耍帥，擦亮皮鞋，換上西裝，花了大半個月的生活費請客，接下來只得拚命兼家教，彌補虧空的財務。

鹿老師說，她也有過一段叛逆歲月，聽著重金屬音樂，用陰鷙的眼神說「我恨這個世界」，學人家抽煙、喝酒、燙頭髮，翹課、通宵、夜衝，差點還想去紋身。

艾瑞克森的發展理論中，青春期的主要任務就在於建立自我同一性。青少年處於從兒童走向成人的過渡階段，自我意識會不斷加強，因此迫切需要建立同一性，**即我想將自己塑造成一個這樣的人，我也希望別人眼中的「我」和我自己認為的「我」是一致的，並且想要穩固別人眼中的自我形象——渴望別人瞭解我的內心世界，渴望別人認同我**。

為了達到這種同一性，我們會進行各種嘗試：有的可能是模仿自己認為很有個性或與眾不同的人，或是模仿自己嚮往的生活方式；有的可能是叛逆，這可以看作為了「讓父母明白我不再是那個乖乖聽話的小屁孩」而進行的用力過猛的嘗試；有的則可能是虛榮，為了「讓朋友覺得我是個大方的好人」，開始虛張聲勢。

然而成人世界的規則從不含糊，沒有人給你接底氣，生活立刻就會給你一巴掌。逃課打遊戲，成績會變差；通宵夜衝，身體會變差；亂花錢，存款會減少；抽煙、喝酒、穿耳洞，看起來酷，其實都沒難度。

畫一幅好畫，練出肌肉線條，贏得比賽，拿下客戶，當上銷售冠軍，做一場完美的展示會，用自己的雙手創造想要的生活……這些事情才是真正的艱難，能夠完成真的很酷。

不藥而癒的中二病

大二那年的我們，在筆記本上寫下「Goodbye cruel world」（再見！殘酷的世界），感覺自己憂傷惆悵，其實就是遊手好閒、一事無成，我們並沒有讓生活變得更美好，不是嗎？

鹿老師說：「後來，我覺得自己最酷的時候是我乾淨俐落地為一場活動忙碌，聽到團隊管理者對我說『謝謝你的努力，你是我們不可多得的人才』。」

中二病的痊癒，往往伴隨著前額葉的發育完善。青少年由於前額葉功能還未發育完全，所以容易衝動、任性，自控力較差。隨著進入青年——成年早期，這樣的問題會逐步消失。**除了前額葉發育的生理因素，其他因素也可以影響一個人的自控力，獲得主動選擇權就是其中之一。**

自我決定理論就提到，對自主權的需求是一個人健康發展的重要影響因素。教育心理學的研究也發現，滿足了學生的自主動機可以顯著提高他們的學習興趣，增強他們學習的內部動機，即提高主觀能動性。

生活將主動權完全交給我們，後果也由我們完全承擔，因此我們就有了選擇的自由，

也意味著我們需要發展出更加自律的能力。做事有規劃，計劃能落實，凡事靠自己，才有資格依照自己的自由意志去決定自己的人生。

掌控自己的人生

都說成人的世界沒有「容易」二字，那長大成人的好處，還是自由嗎？答案仍然是「是的」，但這是自律承載起的自由。

現在，我可以自由決定什麼時候打遊戲，不會有人管我，因為我不會玩遊戲超過半小時；我可以自由決定大筆財務開支，因為我不會再讓自己陷入財務窘境（而且錢是我自己賺的）；我也可以自由決定今天晚上先把論文放一邊，打開粉絲貝和私訊，跟讀者聊天互動，因為我知道將壓力釋放後，自己又是一條好漢，不會延誤論文的截稿期。

成為大人後的第一課，就是學會掌控自己的人生。從高中到大學，從依靠父母到獨立生活，年輕人進行著角色的轉換，在生活日常、消費理財、社交溝通等方面都面臨挑戰。**如果過度依賴父母，或是生活沒有節制，那麼從「孩子」到「大人」的身分蛻變很容易失敗，這樣的人生也是無法被自己掌控的。**

擁有駕照、擁有購買菸酒的資格、擁有一張信用卡，這都是長大成人的標誌。一旦擁有了自己選擇生活方式的權力，是選擇揮霍無度，還是選擇規劃未來，生活就會向你交出截然不同的答案。

本章重點

1. 青春期的同一性：我也希望別人眼中的「我」和我自己認為的「我」是一致的，並且想要穩固別人眼中的自我形象——渴望別人瞭解我的內心世界，渴望別人認同我。
2. 青少年的前額葉功能還未發育完全，所以容易衝動、任性，自控力較差。隨著進入青年——成年早期，這樣的問題會逐步消失。
3. 成為大人後的第一課，就是學會掌控自己的人生。如果過度依賴父母，或是生活沒有節制，那麼從「孩子」到「大人」的身分蛻變很容易失敗，無法順利掌控自己的人生。

03

內捲還是躺平？

避免內捲最重要的就是認清自己，不要做無謂的「捲」。上進沒有錯，選擇大公司沒有錯，但如果你認不清自己的真實情況，就會被千軍萬馬裹脅著捲進去，無法做出更適合自己的人生規劃。

不少年輕人都問過我同樣的問題：「現在的工作沒什麼前途，有前途的工作我又做不了，被困在現狀裡動不了。我應該繼續內捲＊還是直接躺平？」

＊「內捲」（Involution）最早由美國人類學家亞歷山大．戈登威澤（Alexander Goldenweiser）提出：「當一種文化模式進入最終固定狀態，便逐漸侷限於自身，不斷的內部複雜化，再也無法轉化為新的文化型態」。換言之，內捲就是：當一群人都被迫走向單一固定的軌道，過度的競爭會讓彼此思維僵化、內耗，產生無效的結果。（引自《內捲效應》一書）

如何避免內捲

我想說，**避免內捲最重要的就是認清自己**，不要做無謂的「捲」。**上進沒有錯，選擇大公司沒有錯，但如果你認不清自己的真實情況，就會被千軍萬馬裹脅著捲進去，無法做出更適合自己的人生規劃**。

誰都想進入熱門行業，誰都想去百大企業工作，既是收益的高地同時也是人才的高地，必然會吸引更多競爭者。

為什麼我們願意千軍萬馬過獨木橋？**首先，因為大腦愛偷懶。一條少有人走的路，意味著同行者更少，更加孤獨。而多數人都覺得對的路，大概就是一條陽光大道**。大部分人會有這樣一種心態：雖然不知道這條路能不能走得通，但是別人都這麼走，我這麼走肯定也不會錯。

我們為什麼跳不出這樣的內捲？因為我們需要即時的積極回饋。一件事情要想堅持下來，最好的方法就是能夠不斷獲得即時的積極回饋。譬如打遊戲，什麼樣的遊戲最令人沉迷？一定是會不斷給出獎勵的遊戲。

內捲會發生，就是因為我們想要這樣的正向回饋，包括心理的正回饋和物質的正回饋。

譬如：耶！我進了大公司，說明我是優秀的，金融行業賺錢多，那我也要去那裡。至於自己是否適合，自己能力是否足夠，很多人其實沒有認真思考。我並不反對嚮往成功，我反對的是完全不假思索地跟著別人的腳步，麻木地跟隨。

自我認知的積極偏差

為什麼我們總覺得照鏡子時的自己更好看？因為人對自己的認知，總是願意把自己往好的方向去想，這會導致我們高估自己，美化自己，看不清自己的缺點和劣勢，反而是旁觀者看得更清楚。

當你憑著自己的一腔熱情去做一件事時，可能忽略了一個重要問題——你是不是有足夠的能力去完成這件事，這時候旁觀者會看得更清楚。如果朋友只是給你「灌雞湯」，那只是讓你一時好受，不能真正解決問題。別人適時地「澆點冷水」是有必要的——有時你做不好，可能並非你不熱情，也不是你不努力，單純因為你的競爭力不如別人。我們確實需要面對現實。

勇於換跑道

美國生涯發展學者唐納・舒伯（Donald Super）在他的職業生涯發展階段理論中，提出了工作發展的五階段模型：成長期－探索期－確立期－維持期－衰退期。很多年輕的朋友可能正處在探索期，只是對自己未來的職業有個初步設想，但並不知道自己是否適合從事這樣的工作。

對於處在探索期的朋友，我建議多做嘗試，不妨多試試自己想做的事情。心理學家艾瑞克森在人格、自我同一性發展中也強調不斷嘗試的作用。

競爭最激烈的地方，當然是綜合競爭力最強的人才能留下。好的城市如此，好公司、好工作也一樣如此。如果真的行不通，不如及早停損。

這個跑道試過不行，那就換個跑道；一條跑道不保險，那就多試幾條跑道。

我知道，換工作甚至換行業其實很需要勇氣，也不是所有人都有破釜沉舟改行的資本。如果你的正職工作看不到出路和前途，你想追逐夢想但又承擔不起失敗的結果，那我的建議是：你可以做一份用來保障基本生活的本業，在閒暇時間嘗試其他副業。現在是多元化的時代，不像過去人人都要當公務員，捧鐵飯碗。很多人開始斜槓，白天是公司的小職員，下班後兼職其他工作，或是發展自己的興趣。

科幻作家劉慈欣就是在工作之餘寫出了《三體》；我有個朋友白天上班，下班去酒吧駐唱（他自己也愛唱歌）；還有個學生在閒暇時間做抖音當網紅，甚至最後，很多人的副業成功賺大錢，在副業上實現了自我價值。

要避免內捲，不外乎這兩點：認清自己的真實能力，換個跑道多做一些嘗試。

本章重點

1. 避免內捲最重要的就是認清自己，不要做無謂的「捲」。上進沒有錯，選擇大公司沒有錯，但如果你認不清自己的真實情況，就會被千軍萬馬裹脅著捲進去，無法做出更適合自己的人生規劃。
2. 勇於換跑道：競爭最激烈的地方，當然是綜合競爭力最強的人才能留下。好的城市如此，好公司、好工作也一樣如此。如果真的行不通，不如及早停損。你可以做一份用來保障基本生活的本業，在閒暇時間嘗試其他副業。

04

新成員適應　職場新人的焦慮

職場新人收集到的訊息越來越多、越來越清晰，他們會逐漸掌握新任務的要求，逐漸符合社交期待，最終融入新環境。他們對自己在新環境中的角色定位會越來越明確，焦慮感也會逐漸消失。

我剛入職場時經常手足無措（不要看我現在是專家教授，當初也是被學生喝倒采，緊張到滿臉通紅的職場小白），所以經常有同學把我當作樹洞，吐露自己作為職場新人的焦慮和煩惱。

1. 主管沒有交付重要的工作，只是讓我影印兩頁紙，幫忙訂外賣。看到其他同事都在忙很重要的業務，我覺得自己很沒用，很怕別人覺得我是個可有可無的人。
2. 吃午飯時找不到「飯友」。別的同事有說有笑，自己卻形單影隻，想融入他們，卻發現只要我一加入，氣氛就微妙地尷尬起來，大家聊天也變得有所保留。

3. 懷疑自己有主管恐懼症，一遇到主管，我就不會說話了，舌頭打結，手心冒汗，頭腦一片空白。昨天上班和主管單獨搭乘同一部電梯，那簡直是我人生中最難熬的幾十秒鐘。開會的時候最怕和主管目光對視，生怕被點名發言，彷彿回到學生時代被點名回答問題時的恐懼。

4. 下班可以走了，但是其他同事都還在努力工作，我想走也不敢走，留下又沒事做，如坐針氈，該怎麼辦？

如果你剛出社會，遇到以上令人焦慮的情況，請相信我，你不孤單，絕大多數剛剛步入職場的新人都是如此。這就是心理學上所說的「新成員適應」。

新成員適應

「新成員適應」一直是管理心理學研究者關注的重要問題，它是指一個新人進入新環境需要經歷的過渡期。換句話說，**就是新成員從心理、行為上完成從「外部人」到「內部人」的轉換，獲得適應新環境、新角色所需的知識、技能、態度和行為的過程。**

從社會化適應理論的角度看，進入新環境會引發較強的不確定性，譬如同事是否好相處、工作壓力大不大等，這樣的不確定性必然帶來較強烈的焦慮感。

一般來說，**最初的三個月到半年，是職場新人感受到壓力最大的時期。但隨著職場新人收集到的訊息越來越多、越來越清晰，他們會逐漸掌握新任務的要求，逐漸符合社交期待，最終融入新環境。他們對自己在新環境中的角色定位會越來越明確，焦慮感也會逐漸消失。**

所以你要相信，職場新人焦慮只是一個暫時現象，隨著時間推移，你會逐漸適應。但話又說回來，如果過了半年，你還是充滿不確定性和焦慮感，那可能說明這個環境並不適合你，還是盡早脫離吧！

鹿老師就碰到過這樣的情形，她換了一個新的工作環境，發現自己無法融入，工作內容和職責能力無法發揮，上班無所事事，中午找不到「飯友」，上班無事可做又不敢下班……一開始我安慰她，新人都是這樣的，可過了好幾個月，她發現自己仍然無法融入，於是果斷離開——你不屬於那裡，那裡也真的不適合你。

職場新人焦慮的根源

研究發現，新成員在適應過程中的焦慮主要集中在兩個方面。

1. **任務適應**。例如主管讓你當眾發言或者做彙報，你會感到壓力很大，焦慮情緒氾濫，這就是任務導致的新成員適應問題。這種焦慮背後的原因有兩點：

A. 對領導風格不瞭解；

B. 對自己能力沒自信，怕說錯話、做錯事，給主管和同事留下壞印象。

2. **環境適應**。職場新人一般存在兩難情境：既想融入又害怕太過熱情反而引起反感。例如午飯到底跟誰一起吃？坐電梯時碰到不熟的人（尤其是主管），到底要不要打招呼？這就是融入環境過程中產生的適應問題，背後的根源在於：

A. 對環境訊息掌握得不夠充分；

B. 對融入過程中不確定性結果的恐懼，怕惹錯人、站錯隊而影響自己的工作發展。

職場新人如何消除適應過程中的焦慮？

一、提升能力

跳出舒適圈，或者待在舒適圈，新成員可以主動降低這些不確定性，例如提升與工作相符合的技能，獲取知識和訊息來適應工作的任務需求，即所謂的跳出舒適圈。

二、降低對自己的期望值：盡力做到不焦慮

曾有讀者問我：「我是一名新教師，教得不如資深教師好，怎麼辦？」我告訴他：「我當初差點被學生轟下講台。」他說：「謝謝您，這個故事有激勵到我。」頂流人才也都從新人一路走來，如果你發現自己膜拜的上司也曾犯過一些低級錯誤，你就沒那麼焦慮了。所以對自己的期望值也不必那麼高，適當降低要求，你會發現其實沒什麼大不了。畢竟你只是一個新人，要是你什麼都會，還需要主管嗎？況且教導新人也是主管的職責之一。

三、主動與內部人互動，獲取知識、技能和訊息

你可以積極參加公司的集體活動，認識一些合得來的同事，瞭解公司的情況。透過這樣的方式，可以比較順利地從「外部人」轉換到「內部人」。同時，你也可以透過跟公司前輩交流來獲取訊息，並不斷對環境進行意義建構，以逐漸理解和融入新環境。

四、專業的心理學訓練

現在心理學研究也有不少消除焦慮的策略。譬如表達性寫作，即連續多次透過寫作對自身的壓力情緒進行描述，從而宣泄壓力，並且找到合理的解釋或是意義感。如情緒的重新評估，即在不改變壓力源的情況下，改變對壓力源的看法（如「新人就是會犯錯，下次改正就好」），進而緩解焦慮；或是進行專業的入職壓力應對訓練，調整過高的預期及擔憂的情緒。

口香糖的妙用

不過提升能力、融入團隊等方法無法一蹴而就，心理學的訓練又太過專業，需要職業教練來引導。那麼有沒有既可以自己完成，又可以在短時間內緩解壓力的方式呢？

有！嚼口香糖。

不知道大家注意過沒有，無論是籃球場上還是足球場上，總有不少運動員喜歡嚼口香糖。他們嚼口香糖僅僅是因為好吃嗎？不完全是，其實還因為嚼口香糖的確有緩解壓力的作用。

二〇〇九年諾貝爾獎生理暨醫學獎得主安德魯．沙利（Andrew V. Schally）在《生理學與行為》雜誌上的學術研究指出，咀嚼口香糖可以提高測試者的覺醒程度，降低他們的焦慮感和壓力。同時，研究者還測量了測試者的唾液皮質醇。皮質醇被認為是一種反映壓力程度的物質，皮質醇濃度越高則意味著壓力越大。研究發現，咀嚼時唾液中皮質醇濃度降低。也就是說，他們嚼完口香糖之後的壓力更小。

在另外一篇二〇〇〇年發表於《精神病學與臨床神經科學》上的文章裡，他以腦電圖測量的方式比較嚼口香糖和基線水平下不同類型腦波的差異，結果發現，嚼口香糖可以增強α波。一般來說α波表示大腦處於放鬆狀態。

另外，從行為學來看，正念要求的一個非常重要的狀態就是「關注當下」，而不要把注意力轉移到過去或是未來。具體如何做呢？正念當中比較常見的訓練有「用正念的方法吃葡萄乾」——關注葡萄乾在手上、舌尖、牙齒等地方的觸感。其實嚼口香糖和正念練習有很多類似的地方，它們都是把注意力放在當下，注意口香糖和口腔接觸的感覺。所以，大家也可以把嚼口香糖當作一次簡單的正念練習——將注意力集中在當下，感受「嚼」的感覺。

整體而言，嚼口香糖確實有助於緩解壓力，在美國，某些學校會在考試前分給考生口香糖。而且，口香糖也能促進社交互動——原本不熟悉的人，透過發送口香糖，能活躍氣氛，拉近距離，說不定在發口香糖的過程中還能交到一些新朋友，幫你更快融入新環境。

本章重點

1. 新成員適應意指新成員從心理、行為上完成從「外部人」到「內部人」的轉換，獲得適應新環境、新角色所需的知識、技能、態度和行為的過程。
2. 最初的三個月到半年，是職場新人感受到壓力最大的時期。但隨著職場新人收集到的訊息越來越多、越來越清晰，他們會逐漸掌握新任務的要求，逐漸符合社交期待，最終融入新環境。
3. 新成員在適應過程中的焦慮主要集中在兩個方面：任務適應（對領導風格不瞭解、對自己能力沒自信）、環境適應（對環境訊息掌握得不夠充分、對融入過程中不確定性結果的恐懼）。
4. 如何消除適應過程中的焦慮：提升能力；降低對自己的期望值，盡力做到不焦慮；主動與內部人互動，獲取知識、技能和訊息；專業的心理學訓練。
5. 嚼口香糖可以有效緩解焦慮，降低壓力。

05

認識精神暴力　習得性無助

在長期的（肉體或精神的）暴力對待下，受虐者會習得一種「反抗也是徒勞的，甚至會招來更多痛苦」的無助心態，所以乾脆就不反抗了，任由對方作踐自己。

長期遭受心理虐待的受害者，非常容易出現情緒障礙或性格發生負面改變。例如嚴重憂鬱、焦慮、自我貶低、習慣性無助等，會認為自己有罪、活該，嚴重低估自己的價值，甚至厭世、輕生。

其他幾種情緒障礙也許比較好理解，唯有「習得性無助」（Learned helplessness）比較難理解，經常會有人質問：「既然這麼痛苦，那為何不反抗？為何不逃離？」

習得性無助是美國正向心理學之父馬丁・賽里格曼（Martin E. P. Seligman）提出的。他的經典實驗是把狗關在籠子裡，只要蜂鳴器一響就對狗給予電擊，狗在籠子裡逃不出去，只能無奈接受。如此反覆多次後，把籠門打開，此時再拉響蜂鳴器，狗卻不逃了，直接倒地等待電擊。

同樣，習得性無助的心理障礙在我們的生活中也是存在的。**在長期的（肉體或精神的）暴力對待下，受虐者會習得一種「反抗也是徒勞的，甚至會招來更多痛苦」的無助心態，所以乾脆就不反抗了，任由對方作踐自己。**

那麼，什麼樣的人容易成為心理虐待的施暴者呢？這些人往往外表體面，實際上卻具有各種人格障礙或性格缺陷。

一、自戀型人格障礙者

容易高估自己的才智、品德、外貌、成就和理想。但同時，他們又具有敏感脆弱、低自尊、缺乏同理共情能力等特徵。他們渴求別人持續的關注和讚美，一旦別人比他優秀或批評他，他便覺得被羞辱、被傷害。所以，這種人很喜歡透過貶低他人來抬高自己。

二、偏執型人格障礙者

往往極度敏感，嫉妒心極強，對別人的優秀感到焦慮和緊張；非常記仇，對於別人的批評必須給予更強烈的反擊；固執，難以被說服；雙重標準，對自己很寬容，對別人要求過高；自以為是，喜歡指責別人，自己永遠是對的；多疑，會將別人的無心之舉理解為敵意等等。

三、控制欲極強的人

需要掌握親密關係中的一切，非常善於發現別人的缺點；習慣透過道德譴責來降低別人的自尊，讓別人臣服於他的權威；透過隔絕社交、經濟封鎖來讓別人與世隔絕，只能以他為生活中心。

四、具有辯論傾向的人

非常擅長質疑別人，擅長從別人的每句話中尋找瑕疵來挑剔。可他們抬槓的最終目的並非解決問題或達成共識，而僅僅停留在頭腦和口舌的交鋒，以及享受贏得爭吵帶來的快感。

以上這幾種人具有一些共性，比如情緒極端、易激怒、控制能力差、缺乏同理共情能力、高度自我中心、極端利己主義，以及難以建立健康的親密關係等。

如果你發現給自己帶來困擾的人具有上述特徵，就要提高警覺，然後提醒自己：「我現

在的這些困擾，或許並不是因為自己不夠好。」認識到這一步，才能意識到自己正在成為心理虐待的受害者。

有些人會誤以為心理虐待就是辱罵詆毀、人身攻擊等，其實這些只是心理虐待中的「言語暴力」。而「精神暴力」（包括洗腦、糾纏、貶低、污蔑、控制等行為）和「情緒暴力」（包括無視、孤立、擺臉色、拒絕溝通等冷暴力，以及威脅、恐嚇、砸壞物品等暴力舉動）也屬於心理虐待的範疇。

另外，必須瞭解幾種不太容易被察覺的暴力行為。

一、限制社交

這類人會貶低你周圍的朋友，干涉你和朋友的交往；懷疑你的生活作風，對你進行嚴密監控、道德指責；不僅限制你與異性交往，還會限制你和同性朋友交往，甚至連你和家人的來往都要限制，要求你和家人斷絕關係等等。

二、經濟控制

如果這類人經濟狀況好，可能會要求你放棄工作，甚至會阻撓你的職業發展，要你脫離社會；如果他經濟狀況不如你，則可能要求你把賺到的錢都交給他「保管」（此刻往往同時會伴隨著對你的能力的貶低，以此來佐證你無法管理好財務，必須把錢交給他）。

三、限制行動自由

你去過哪裡、將要去哪裡、做什麼事、和誰去、花多久時間，都要向他交代；所有細節都要向他反覆澄清、核實、比對，來證明你沒有脫離他的掌控；他會時刻查手機、查通話記錄，甚至沒收你的手機、電腦，扔掉你的衣服，不讓你出門。

如果遇到了這些情況，即便對方並沒有動手打人，但他仍然是一個不折不扣的施虐者。和這種人一起生活會身心俱疲，因為他時時刻刻都在消耗你的生命力。

有人可能納悶，有沒有遭受暴力對待，自己還不知道嗎？還用得著對照上面這些行為表現來驗證才能確認嗎？這又是大眾容易誤解的一個面向。這些誤解會令受害者的自我覺察變得更加困難，使得他們更難以察覺到自己遭受了暴力，更加自我懷疑。**所謂「旁觀者清，當局者迷」，有時受害者可能會被表象迷惑，沒有意識到自己正處在暴力漩渦中。**

如果你發現自己正處於這樣的關係中，或者你身邊有人正處於這樣的關係中，你需要有所警覺，這是一種暴力，是一種虐待行為。更具體來說，**你如果發現了你的朋友、伴侶或上司有上述徵兆，或是他們讓你出現了自我懷疑、自我厭棄、心累、焦慮、習得性無助，**

甚至憂鬱、輕生的症狀，請一定要及時向周圍的人或者專業人士求助。

認識到自己正在承受暴力是走出陰影的第一步。要將一個被破壞和被傷害過的精神世界修復，除了樂觀積極的心態，還需要一個整體的治療體系來幫助自己有步驟、有方法地走出陰霾。

本章重點

1. 習得性無助：受虐者會習得一種反抗也是徒勞的，甚至會招來更多痛苦」的無助心態，所以乾脆就不反抗了，任由對方作踐自己。
2. 容易成為心理虐待的施暴者：自戀型人格障礙、偏執型人格障礙、控制欲極強的人、具有辯論傾向的人。
3. 不太容易被察覺的暴力行為：限制社交、經濟控制、限制行動自由。

06

識別職場暴力　不吃沒有意義的苦

職場暴力，就跟家庭裡的精神暴力一樣——

拚命找碴、貶低對方、精神折磨，

讓對方感覺自己一無是處，不斷懷疑和否定自己的價值。

一位朋友向我們訴苦，說她最近在工作上處處被團隊的專案經理刁難，不管她說什麼、做什麼，都會挨罵，都會被批評。譬如交代她做一件事，她做好了，卻說她永遠做不到位。

她還原了一下與專案經理常見的對話模式。

「我跟您確認一下，您是不是想要……？」

「你不要重複我的話，你得和我交流，而不是說廢話。」

「那我的想法是……您覺得呢？」
「你別自作主張，我說你聽著就行了。」
「好的，那我就照您說的去做。」
「那我要你有什麼用？你就只會當應聲蟲。」
就此，她還特地與專案經理進行對話溝通。
「我真的有那麼差嗎？我自問工作認真負責，也有心學習，問題到底出在哪裡呢？」
「你有多差我不知道，我只知道你這樣下去，就等著被裁員吧！在我們這個團隊都混不下去，將來到外面任何一家公司、任何一個團隊，你都無法立足。」

我的朋友在這家公司工作了兩年多，仍然被罵到懷疑人生，無所適從。從前她覺得自己挺優秀的，現在卻覺得自己一無是處，做什麼、說什麼都不對。

她現在做任何一件事，似乎都能想像到對方會怎麼罵她；她說自己每天吃不下飯、睡不著覺，胃疼、拉肚子；早上起床就覺得人生是灰暗的，一想到經理就緊張得滿手是汗。她不知道自己錯在哪裡，而且一直很努力地想改正自己、反思自己，努力地去迎合對方，但她永遠無法讓對方滿意。

典型的職場暴力

我的觀點是，她遇到了典型的職場暴力。

首先，如果她真的能力不足，應該無法通過試用期，為何還可以在公司待兩年多？其次，我感覺她的經理根本沒處於可以好好溝通的狀態，更像是在發洩自己的情緒，而不是想解決問題。

經理說的這些話，就跟家庭裡的精神暴力一樣——拚命找碴、貶低對方、精神折磨，讓她感覺自己一無是處，不斷懷疑和否定自己的價值。

這位朋友馬上又說：「其實我的經理人也不壞，可能是最近業績下滑，心情不好，所以才處處針對我。而且我反思了他的話，也並非全無道理，我確實也有做得不夠好的地方，也不怪他不滿，我自己也應該努力改進。」

我說：「你聽聽，這些話是否很耳熟？被家暴的女性也會說同樣的話——我老公其實人不壞，他就是最近心情不好才打我，而且我自己也有不對，不怪他生氣打我。」這位朋友就是典型的職場暴力後遺症！

她這番經歷啟發了我。我一直在分析很多和家庭暴力相關的議題，但以前真的沒意識到職場中遇到的這類問題也屬於一種暴力。她自述：吃不下飯（厭食）、睡不著覺（失眠）、胃痛、拉肚子（腸胃反應）、覺得人生灰暗（心境低落、憂鬱）、緊張得滿手是汗（焦慮）、覺得自己一無是處（低自尊）……這些真的很符合精神暴力後遺症的特徵。

而且這位經理說的話是不是像極了家暴男說的話：「如果我不要你，你看外面還有哪個男的會要你？」如果遇到這種職場暴力，該怎麼應對呢？

吃得苦中苦　方為人上人

我的觀點是，大家是來工作的，不是來受氣的。

有朋友可能會說：「對很多職場新人來說，翅膀還沒硬呢，不順著主管能怎麼辦呢？正面起衝突肯定自己吃虧。」

我認為首先得有核心競爭力，有了核心價值才有底氣，就算離開這個平台，你也有後路可退。而且你有了核心競爭力，這種主管也不會這樣欺負你，他會轉頭去欺負更沒有競爭力的。事實就是這麼殘酷。

主管欺負你，透露了兩個訊息：第一，她是一個被情緒左右的人，在職涯發展上走不遠，也不可能給你任何指導和發展空間。第二，你在這個主管眼裡不重要，你走或留，她都無所謂。明白了這兩點，就該知道，你早晚都會離開這裡，何必繼續委屈自己。

還有朋友可能會問：「我怎麼分辨自己是真的遭遇了職場暴力，還是因為我確實是像主管說的，只是吃不了苦、受不了委屈、滿身嬌氣呢？畢竟很多職場前輩都是這麼評價年輕人，而且我們的父執輩也教育我們『吃得苦中苦，方為人上人』。」

我認為端看對方是「對人」還是「對事」，看主管對你的批評是針對問題處理，還是單純衝著發洩情緒，最終的結果是問題解決了，還是你的自尊降低了。

也就是說，主要的判斷方式是，看主管的行為是否超出了工作和業務的範疇，是否對你進行了精神甚至肉體的折磨。

職場暴力的具體表現其實和家庭暴力差不多，主要有肢體暴力、人身傷害、語言暴力、羞辱人格、貶低能力、孤立、隔絕、排斥、洗腦、控制和騷擾等。

還有一些是職場暴力特有的表現：安排你執行不可能完成的任務，安排你做不適合你的工作；譬如有些公司會安排懷孕的員工去掃廁所等。「吃得苦中苦，方為人上人」沒錯，但也得分吃什麼苦、為什麼吃苦。

我記得鹿老師為了寫一篇專題報導，好幾個通宵研讀著看不懂的招商書；為了採訪美國的學者，撐著時差，半夜採訪；為了查一處資料跑遍城市裡各大圖書館。結果那篇報導獲獎了。這才是應該吃的苦。

我挑燈夜讀苦不苦？沒日沒夜啃文獻、改論文苦不苦？但這些苦都是有意義的。而你被別人羞辱、貶低，受精神折磨，這種苦就是沒有意義的苦。在職場上也一樣，如果做了這個事情能成長、能學習、能有所收穫，那再苦也值得去做。

離開路更寬

那問題來了：「遇到職場暴力，你的建議是離開嗎？」

人生苦短，只要是不合格的伴侶或是主管，我的建議都是不要把時間浪費在和不值得的人的糾纏上。

你為什麼要工作？為的是生活、賺錢，獲得成就感。那你現在的生活愉快嗎？錢賺到了嗎？有成就感嗎？

有朋友表示：「可是我主管說，現在外面世道不好，我離開，也找不到一份滿意的工作，而且老闆大都如此，或許下一個不見得會更好，我沒有底氣說走就走。」家暴受害者的心態再次出現了。

你要先破除自己的心魔，才能談下一步。如果一個受虐的女性認為自己離開了家暴老公，飯都吃不上，那就只能繼續忍受暴力。如果你認為離開這家公司或者企業就沒有立足

之地，那別人真的勸不了你，你只能繼續忍受。

你不要總想著「我就是沒有本事怎麼辦」，一個人不可能沒有優點，你得想辦法找到自己的優點，練出自己的本事。一開始總會有一個階段是非常苦、非常難熬，但是總好過你把自己困在一個明知沒有前途的環境裡。

選擇工作也是需要智慧的，不能是個工作就接受。好的老闆不會應聘的時候一副嘴臉，開始工作後就換另一張面孔。有些人在工作方面自我評價特別低，只要是個看起來還不錯的工作，他們就會接受，再誇他們幾句更是感激涕零，其實這裡面有很多坑，即使一開始就能看出跡象，但也會被選擇性忽視。

這就如同一些自我評價特別低的女孩一直會遇到渣男一樣，只要是有男人追她，她就願意嫁；如果對方再給點情感或物質上的小恩小惠，誇她幾句，許她一個未來，她更會暈頭轉向，甚至為了守住那一點虛幻的溫情而付出慘痛代價。

如果你的自我評價低，就更要離那些低估你價值的人遠一點。

真正有領導力的好老闆，不會動輒拿自己團隊的人開罵、發洩情緒，他們會以培養、教育和鼓勵為主，你沒有經驗，就帶著你，讓你做適合你的事情。

最後肯定還會有人問：「如果一直只讓我做適合我的事情，那我不擅長的部分豈不是一直無法學習進步嗎？」

這個世界上沒有人是萬能的。真的那麼完美、那麼萬能，早就能獨當一面，還需要給人家打工嗎？主管該做的事情就是找到每個人的長處，瞭解每個人在職業生涯中的需求，然後排兵布陣。

尋找適合自己的職場環境

開頭案例中的經理如此情緒化，也不會鼓勵員工揚長避短，怎麼還能當上主管呢？不要被那些說一半留一半的「成功學」蒙蔽了雙眼，不是只有那些專業力強、領導力強的人才能獲得升官。譬如，有些人能給老闆擋酒，有些人能為老闆加班，有些人就是贏得老闆的信任，有些人就是有本事讓老闆開心，有些人能幫老闆當惡人，有些人能替老闆籌到錢……職場就是這樣，社會就是這樣，這些未必在你的分析範圍內，也未必不是一種選擇。**如果你明知道自己不能成為那樣的人，就另找適合自己的路，要相信絕對有好的或者適合你的職場環境，不可能任何地方都是一片黑暗。**

但是也要記住，如果你被壞的職場環境欺壓過，有朝一日忍過來了，也不要成為自己曾經看不起的人。

本章重點

1. 職場暴力，就跟家庭裡的精神暴力一樣——拚命找碴、貶低對方、精神折磨，讓對方感覺自己一無是處，不斷懷疑和否定自己的價值。

2. 有了核心價值才有底氣，就算離開這個平台，你也有後路可退。主管也不會這樣欺負你，他們會轉頭去欺負更沒有競爭力的。

3. 人生苦短，只要是不合格的伴侶或是主管，建議都是不要把時間浪費在和不值得的人的糾纏上。

07

拋開收穫談付出毫無意義 職業倦怠

延長工作時間不僅不能提高工作效率，
反而會導致員工消極工作，降低員工內驅力。

近來「996」（早上9點上班，晚上9點下班，一週工作6天）這個話題一度火熱。有一群程式設計師甚至創建了一個名為「996．ICU」的網頁，列出「黑名單」，統計出實施「996」工作制的網路公司，號召同行抵制這樣的企業。

這場「革命」聲勢逐漸浩大，網路上也出現了反撲聲量，以〈年輕的時候不「996」，你什麼時候可以「996」？〉、〈能做「996」是一種巨大的福氣，很多人想「996」都沒有機會〉為標題的一系列文章，這些觀點的作者也招致不少網友的出征。

「996」可能會導致職業倦怠甚至耗竭

抵制「996」，其實並不是抵制「996」本身，而是抵制不產生價值、不帶來利益的純勞動力剝削。從這個角度來說，抵制「996」是有道理的。

過長的工作時間一定會導致健康問題。一九九七年，管理學家在《職業與組織心理學》期刊上發表的研究分析，支持了這樣的結論：工作時間越長，健康出現問題的情況越多。我還想強調的是，**超長工作時間給人帶來的傷害並不僅僅是身體上的，甚至可能會導致嚴重的心理疾病，譬如職業倦怠**。

職業倦怠最早是在一九七〇年代由心理學家赫伯特．佛羅伊登伯格（Herbert Freudenberger）提出的，他的研究聚焦於護士和醫生在長時間工作的重度壓力下表現出來的身心疲勞與耗竭的狀態。後來，克莉斯汀娜．馬斯勒（Christina Maslach）等人把這個概念引入了企業管理領域，**把一個人在長期緊張狀態下產生的情感、態度和行為的衰竭狀態稱為「職業倦怠」**。

這些研究結果都證明，工作時間越長，職業倦怠情況越嚴重。

職業倦怠的主要表現及負面後果

職業倦怠的主要表現包括以下幾點。

一、情感衰竭

喪失活力，缺乏工作熱情，精神處於極度疲勞狀態。

二、去人格化

刻意在自身和工作對象間保持距離，對工作對象和環境採取冷漠、忽視的態度，對工作敷衍了事，個人發展停滯，提出調職申請等等。

三、無力感或低成就感

傾向於消極地評價自己，並伴有工作能力體驗和成就體驗的下降，認為工作不但不能發揮自身才能，而且枯燥無味。

職業倦怠帶來的負面後果有：生理健康受損，如更容易失眠，患上心血管疾病、腸胃疾病等；心理健康受損，如情緒不穩定，甚至憂鬱、焦慮等；認知功能受損，如記憶、注意力等功能下降；工作表現差，如曠職、容易離職，甚至做出一些破壞公共財物以及故意不好好工作的「反生產行為」。

延長工作時間並不會帶來更好的績效

職業倦怠從員工角度來說是有害身心健康的，那麼從管理者的角度來說，硬性規定員工延長工作時間就一定會產生更好的績效嗎？答案也是否定的。

延長工作時間不僅不能提高工作效率，反而會導致員工消極工作，降低員工內驅力。一方面，員工由於職業倦怠導致的認知功能下降，會提高犯錯的機率；另一方面，員工有可能主動做出有損雇主利益的「反生產行為」。

以護士為例，二〇〇四年發表在《健康事務》期刊上的一篇文章，討論了長工時對護士工作表現的影響。結果不出所料，護士工作時間越長，犯錯的次數就越多。

不僅如此，職業倦怠影響的不僅是個人，還會影響到組織內其他人或是整個組織（所謂軍心渙散）。勞基法之所以提出最高工作時間的限制，除了人性化角度的考慮，也有一部分是因為增加工作時間並不會提高工作效率。

二十世紀二〇年代，「英國工業疲勞研究組」曾做過一項經典研究，探討了工作時間的改變（如由十小時改為八小時）對提高生產效率的影響。研究者以每小時的平均產量作為因變量指標，採用從一九一八年三月至一九一九年七月十小時工作制的產量數據作為實施新措施之前的基線。並連續記錄了一九一九年八月將十小時工作制改為八小時工作制後每小時的平均產量，直到一九二〇年八月。事實證明，八小時工作制的實施並沒有降低工人的勞動產出。雖然這項研究發生在一百年前，但直至今日，它的意義仍不過時。

容易造成耗竭的工作

包括但不限於以下職業：醫護人員（尤其是護士）、軟體工程師、警察（尤其是獄警）、教師（尤其是幼師），都屬於高耗竭職業。

它們是不是看起來都很容易獲得成就感的崇高職業？箇中辛苦可能只有工作者自己知道。病患、罪犯、幼兒都是配合難度很高的工作對象，由此給工作者造成的負面情緒和精神壓力是巨大的。如果待遇一般，出現職業倦怠不足為怪。

有人全年無休　有人職業倦怠

有人看到這裡可能會疑惑：如果「996」容易導致職業倦怠，那麼為什麼有的人可以二十四小時待命，全年無休也不覺得辛苦呢？

因為他能從職業中獲得成就感和收穫感（這個成就和獲得可以是物質的，也可以是精神的）。**精神上的成就感可以產生巨大的內驅力甚至是高峰體驗，令人進入心流狀態，不知疲倦；而物質上的收穫可以產生巨大的外驅力，使人產生多巴胺，增添幹勁。**

相反，如果工作只是一味時間長、任務重、壓力大，卻無法讓人獲得精神滿足，並且物質和金錢的獎勵還不到位，員工出現職業倦怠和耗竭是早晚的事。

關於「996」的爭議，很多職場老人吐槽道：「現在的年輕人真是不能吃苦了，我們當年加班多嚴重啊，可也這麼熬過來了！怎麼到了他們這代就受不了了？」

這就需要明白市場趨勢。中國人口紅利時代已經逐漸過去，市場從勞動力過剩變成了勞動力緊缺。確實，過去的員工也苦也累，也存在倦怠與耗竭，也想休息和抵制，可是不得不做。但現在，議價權逐漸從雇主轉向員工，以後這種「996．ICU」的反擊行動估計還會更多。

職業倦怠的自我測試

如果大家對職業倦怠議題感興趣，可以做以下的自我測試。我列出了一些症狀，對照，如果有超過一半題目的答案是**每週一次甚至擁有更高的頻率**，就要考慮耗竭的可能性了。

1. **面對工作時感到：**
   - 身心俱疲精疲力竭
   - 非常累
   - 壓力很大
   - 快要崩潰了
2. **對工作的態度：**
   - 越來越不感興趣
   - 沒有以前那樣熱情了
   - 懷疑工作的意義

- 不關心工作的貢獻

3. **對自己的信心：**

- 無法解決工作中遇到的問題對工作沒有貢獻
- 無法完成自己的工作
- 即使完成工作也不會感到開心
- 認為自己的工作沒有價值
- 覺得自己無法有效完成工作

如果真的感到耗竭，建議換一家公司吧！雖然說努力和奮鬥值得尊敬，但是離開不適合自己的崗位，也許會讓努力和奮鬥變得更有價值。

本章重點

1. 「996」的抗爭：早上9點上班，晚上9點下班，一週工作6天；抵制「996」，其實並不是抵制「996」本身，而是抵制不產生價值、不帶來利益的純勞動力剝削。

2. 把一個人在長期緊張狀態下產生的情感、態度和行為的衰竭狀態稱為「職業倦怠」。主要的負面表現：情感衰竭、去人格化、無力感或低成就感。

3. 延長工作時間不僅不能提高工作效率，反而會導致員工消極工作，降低員工內驅力。一方面，員工由於職業倦怠導致的認知功能下降，會提高犯錯的機率；另一方面，員工有可能主動做出有損雇主利益的「反生產行為」。

4. 沒有職業倦怠，全年無休的原因：精神上的成就感可以產生巨大的內驅力甚至是高峰體驗，令人進入心流狀態，不知疲倦；而物質上的收穫可以產生巨大的外驅力，使人產生多巴胺，增添幹勁。

08

為焦慮買單　在職進修的必要性

看重個人成長重於拿到證書的人，反而不怕失敗，

因為他們比較的對象並非其他人，而是自己。

他們關注的是自我成長，因此能夠更準確地評估自身能力，並且勇於進取。

一位在職研究生告訴我，她想放棄寫畢業論文了。我們關於這件事有過以下的討論。

學生說：「我感覺看文獻、解釋數據對我而言太難了。這件事給我的壓力很大，而我的能力也真的達不到寫學術論文的程度。」

我說：「你覺得困難點在哪裡，可以和我溝通，看看能否解決、怎麼解決。當然，如果你覺得壓力太大、能力不夠，不想繼續了，我也尊重你的選擇。」

學生說：「老師，我最近一直在捫心自問，學位對我到底意味著什麼？我要一個北大的

學位來向誰證明什麼呢？我認為我並不需要。」

我說：「那你當初報考研究所的初心是什麼？現在目標實現了嗎？」

學生說：「初心是掌握真正的心理學知識，不被偽心理學欺騙。現在我確實學到了很多有益的東西，這些知識對自己的成長幫助很大，所以我覺得這就夠了。能不能拿到學位，從長遠來看其實並不重要了。」

我說：「那我明白了，你不必著急答覆，再好好想清楚，我尊重你的選擇。」

每個人都有放棄的權利

和她聊完之後，鹿老師問我：「你不是說，人在任何時候都有選擇權和放棄權嗎？現在怎麼又勸她別放棄？」

我說：「因為她前期該做的工作都做了，而且都完成得很好。你也知道，如果她的任務完成得很糟糕，那我是絕對不會讓她通過論文口試，更不會勸她別放棄。但她現在就差臨門一腳，有點可惜。當然，如果這件事帶來的情緒傷害已經超過了浪費學費、拿不到學位造成的損失，她也可以選擇停損。」

鹿老師問：「那她現在這樣怎麼辦呢？」

我說：「其實我並不擔心她，我覺得她的思路很清晰，考慮得很清楚。我要做的只是再給她一點時間，讓她去確認自己是不是真的不要這個學位了。」

為何這樣講呢？**因為人在學習過程中有兩種取向：結果導向和過程導向。**

簡單來說，**採取結果導向行為模式的人，非常在乎最後的結果，譬如取得學位證書，一旦結果失敗，他們受到的打擊就會非常大。而採取過程導向行為模式的人，看重的是學習過程中的收穫，他們可以從學習過程中獲得自我滿足感，失敗不會讓他們一蹶不振，甚至還會給他們帶來更大的前進動力，讓他們更能應付今後的挑戰，獲得更多成長。**

現在考取學位或是各種證照往往也是迫於社會現實的壓力，我勸那位學生不急於放棄學位，其實部分也是出於這個世俗的考慮。

透過和這位同學交談，我認為，如果她真的很清楚自己想要的是獲得知識——也確實獲得知識了，取得學位證書的事她努力過卻做不到，最終選擇放棄，這不是半途而廢，而是思考後的結果。在我們社會大環境、大氛圍中選擇放棄，也是挺有勇氣的做法。

過分糾結考照的人（或者說結果取向的人），往往特別害怕失敗，時時迫切需要向外界證明自己，當然也可能和內心缺乏自信有關，需要透過與他人的比較來獲得滿足感。這類人是容易被焦慮所困。

看重個人成長重於拿到證書的人，反而不怕失敗，因為他們比較的對象並非其他人，

而是自己。他們關注的是自我成長，因此能夠更準確地評估自身能力，並且勇於進取。

釐清行為是否在為焦慮買單

鹿老師陷入沉思說：「其實我最近也在思考一個問題，我報了研究所在職專班，我最好的朋友最近也報了，我們選擇這些自我提升的課程，到底是為什麼？是否就像你說的，只是為了向別人證明自己？或是為了緩解心中的焦慮？如果只是為了緩解焦慮，那我花費幾萬元讀研究所，**是不是相當於老年人花幾萬元買保健品呢？區別只在於他們緩解的是衰老、疾病帶來的焦慮，而我緩解的是被時代拋棄、被社會淘汰的中年危機引發的焦慮？**」

在釐清這個問題前，需要先弄清另一個問題：這樣的情緒焦慮有沒有價值？答案是肯定的。從進化上來說，人類的進步和焦慮分不開。譬如我們在日常生活中會被很多瑣事牽絆而不自知，這時焦慮會像是警報器一樣提醒我們：「你偏航了，該調整航向，追求真正重要的目標」。

因此，從這個意義上來說，緩解焦慮的行為本身並沒有錯，無論是中年人的自我提升，還是老年人的養生保健。問題不在於對抗焦慮的行為，而在於你有沒有能力判斷這個行為的合理性，即這些行為是不是真的能夠幫助你實現目標。

因此，我問鹿老師：「你現在讀研究所在職專班的目的是什麼？你梳理過嗎？」

鹿老師說：「第一，我覺得心理學很有趣，我想系統性的學習；第二，我想把我的媒體經驗和心理學結合起來，成為我的專業領域，所以我需要更專業的知識訓練；第三，我需要學位證書，我就能夠獨立地去做這件事。我現在的焦慮包括如下幾個：第一，我想進入心理學這一行，但不知道能走多遠；第二，我想做科普，但不知道能走多遠；第三，我想獨立做好心理學科普，但不知道能不能成功。」

我說：「你現在報考研究所，正對應著解決此刻的焦慮，所以你確實是在為你現階段的焦慮買單。而你真實的擔憂在於這到底是投資還是會花冤枉錢對吧？」

鹿老師說：「是的。我擔心學到最後一無所成，就像那些買天價保健品的老年人一樣！」

應對焦慮的行為目的

如果你的投入讓你真正獲得想要的東西，那就值得。哪怕你報考的目的並不是去學習知識，而是去拓展人脈，如果真的能得到人脈資源，也算達成目標了。這樣是不是焦慮也會有所緩解？

所以，大家不必糾結於「我最近的某些行為是不是因為我太焦慮了」、「這樣的焦慮是不是有問題」之類的疑問。

注意到焦慮是好的開始，只有懂得焦慮的人才會真的嘗試做出改變。這一過程中最重要的是如何應對焦慮，而應對焦慮的首要任務恰恰是認識焦慮，並且透過焦慮行為更好地理解自己內心的真實需求。

正視問題並積極應對，而非選擇迴避（比如放棄努力、以「不去想煩心事」為由逃避）才能帶來改變。總之，無論你的應對策略是舒緩情緒（比如正念訓練、冥想、傾訴），還是解決問題（自我提升、購買保健品），只要這些行為能幫你有效緩解焦慮，那它們本身就是有貢獻的。

本章重點

1. 因為人在學習過程中有兩種取向：結果導向和過程導向。結果導向行為模式的人，如果取得學位證書失敗，打擊會很大；過程導向行為模式的人，從學習過程中獲得自我滿足感。

2. 看重個人成長重於拿到證書的人，反而不怕失敗，因為他們比較的對象並非其他人，而是自己。他們關注的是自我成長，因此能夠更準確地評估自身能力，並且勇於進取。

3. 在職進修的目的，是為自己的焦慮買單。無論是中年人的自我提升，還是老年人的養生保健。問題不在於對抗焦慮的行為，而在於你有沒有能力判斷這個行為的合理性。

4. 應對焦慮的首要任務恰恰是認識焦慮，並且透過焦慮行為更好地理解自己內心的真實需求。

09

認知的自我欺騙 留在大城市還是回到家鄉？

其實不論哪種選擇都有成功的，也有不如意的，所以選擇哪條路不是關鍵，關鍵是要忠於自己的內心，因為你得先知道自己真正的需要，才能知道該怎麼做。

電視劇中的女主角在大城市「漂」了很多年，但始終找不到一塊立足之地。她想回老家發展，結果發現故鄉的小橋流水依舊，卻已經成了回不去的地方。

女主角的個人成長經歷很豐富，故事很真實，和大多數離家打拚的年輕人相似。曾經有過的困境、迷茫和選擇，她的高不成低不就，留不下也回不去，相信很多人都經歷過，或正在經歷著：留在大城市，競爭激烈、壓力大，既買不起房又結不起婚，看不到前途；回老家雖然安逸穩定，卻發現自己好像也回不去了，不僅事業上機會少，生活方式和價值觀也完全不一樣了。

如果你是她，你會怎麼選擇呢？

不要被自己的認知欺騙

是在大城市打拚還是回鄉安身，其實沒有標準答案，因為無論做哪種選擇，都有過得好和過不好的，也都有後悔和不後悔的。但我可以告訴你的是，不要被自己的認知欺騙了，你得認識到自己真實的內心，才能做出更適合自己的人生規劃。

有朋友說：「過年時，我和當年放棄北漂的老朋友吃了頓飯。他說『我在故鄉窩著，失去鬥志也不想發展，但是不用像你那麼累，現在歲月靜好也滿好』，他說的歲月靜好，讓我也有點動搖了信念。可是，我看他的眼睛裡分明是壓抑和不甘，說起當年沒有留在大城市的遺憾，他總帶著幾分懷才不遇的自怨自憐。」

而另一位朋友則問我：「我的親戚早年放棄了穩定的工作，堅持到某個大城市打拚，苦了一輩子，也沒混出名堂。他說他不後悔，他犧牲了自己，但是讓下一代可以在大城市出生，自己也增長了見識。但我內心的疑問是，用一輩子換這樣的結局值得嗎？如果他真的不後悔，為什麼每天都憤怒不已？如果真的值得，為什麼他的人生要靠『意義』來支撐？」

其實不論哪種選擇都有成功，也有不如意的，所以選擇哪條路不是關鍵，關鍵是要忠於自己的內心，因為你得先知道自己真正的需要，才能知道該怎麼做。

於是，我給這兩位朋友講了里昂・費斯廷格（Leon Festinger）的經典實驗。他隨機招募了一批測試者，讓他們去做一個小時的鎖螺絲的工作，並且在結束之後支付他們報酬。其中，有一半人獲得了二十美元的「巨額」報酬，另一半人則只得到一美元報酬。然後，費斯廷格請測試者評價他們剛才所做的工作是否有意思。

結果發現，得到二十美元報酬的參與者比較真實客觀，表示這份工作很枯燥，自己純粹就是為了二十美元；而那些只拿到一美元的人則認為：「這份工作太有趣了！我工作根本不是為了錢！」

你看，同樣無聊的工作，獲得二十美元酬金的人能清醒地認識到「這份工作很枯燥」，但是只獲得一美元的人，**他們的認知反而受到了影響，開始進行自我欺騙。認知失調理論（Cognitive Dissonance Theory）認為，這種自我欺騙是個人內部解除失調感的過程。**

因為「做了一小時無聊工作卻只獲得一美元」這一結果，會使人的認知產生一種失調感，即「我是個笨蛋才會去做這麼蠢的事」。**為了消除這種失調感，人們往往會採取「重新評價」的方式對其工作進行解釋，因此他們會認為這項工作「雖然錢少，但意義重大」，不然為什麼要傻呼呼地做一個小時呢？這就是典型的認知失調導致的自我欺騙。**

當然，如果你的人生已經接近大結局或者你的選擇已經無法改變，這樣調整認知是對的，否則發現於事無補只會讓自己更憂鬱。**但如果你的人生還能回頭，那麼盡早認清自己內心的真實需求，才能合理制定下一步規劃。千萬不要讓自己沉湎於痛苦，還不斷進行自我欺騙和自我麻痺。**

電視劇女主角的做法不失為一種選擇。「留在大城市好還是回老家好」，這種事情聽別人的意見沒用，因為別人不是她，所以她選擇親身實踐一下——回到老家工作生活一段日子。最終她發現自己真的沒辦法認命，才又決定回去城市生活。這段生活看起來是在浪費時間，其實並不是。**她透過這段嘗試，釐清了自己的真實需求，對自己的人生規劃進行了梳理和整合。這才是意義所在。**

認識自己面臨的衝突

我們在做人生重大抉擇時，面臨的衝突是什麼呢？譬如劇中女主角的問題在於，她對愛情的幻想飄在雲端，目標之間存在太多衝突——既想要浪漫，又想要純潔真心；既想要灰姑娘的奢華童話，又想要平起平坐的尊重平等。

人們在面對生命中的不同目標時，往往會產生衝突。社會心理學家庫爾特．勒溫（Kurt

Zadek Lewin）提出過三種不同的衝突類型：

一、雙趨衝突

一個人面對具有同樣吸引力的兩個對象（兩個都想「趨向」），但只能選擇其中之一且必須放棄另一個時引起的衝突。例如，大城市的繁華和故鄉的安逸只能二選一。

二、雙避衝突

一個人面對自己同等討厭的兩個目標（兩個都想「逃避」），必須選擇其中之一時產生的衝突。例如：大城市的辛苦和故鄉的平淡，必須承受其一。

三、趨避衝突

某一對象既有吸引力又有排斥力的情況下產生的衝突。例如，條件優越的追求者不專一，專一的又條件一般，無法滿足自己的需求。

我們必須清醒地認識自己正在面臨的衝突，才能做出最好的選擇。如果根本意識不到這一點，就只能陷在選擇的泥淖中掙扎，在衝突的漩渦中打轉。

能力和欲望的評估

要愛情也沒錯，要麵包也沒錯，二者全都要也沒錯。關鍵問題在於自己能不能要得起。

1. **換行業，提高賺錢能力**。想辦法進入更賺錢的行業。譬如，發展良好的網路科技公司，在網路公司工作的普通職員收入可能比效益不好的企業中階主管更高。

2. **降低門檻競爭**。選擇競爭小一點的城市，或者發展前景好的新興城市。必須要面對現實，大城市並不適合所有人。在競爭最激烈的地方，只有綜合競爭力最強的人才能留下。綜合競爭力包括個人能力、家庭的支援和伴侶的幫助等方面。如果綜合能力無法留下來，不如及早停損。

3. **選擇合適的伴侶**。如果父母無法提供經濟資助，自己有點能力但又沒那麼強，又想留在大城市，那就清醒一點，不要做灰姑娘的王子夢，選擇合適的伴侶一起奮鬥。雖然過不上奢華的生活，但是扎根大城市小康生活還是可以實現的。

上述方法的**核心就是提高個人能力，或者降低自己的欲望**。所以我比較贊同劇中女主角的成長歷程。首先，透過實踐，認清自己內心的需求——不願意回家鄉，還想向著目標中的世界奔跑。其次，認清自己面臨的衝突類型並做出選擇——放棄安逸平淡的小城市，選擇繁華但辛苦的大城市，同時放棄兩位條件迥異的追求者，因為他們都不能滿足她的真實需求。

最後，她發現了自己能力和欲望之間的差距，並且設法去彌補——她明白了自己想要的世界不能依靠男人，所以修正了自己之前不成熟的想法；在提高能力和降低欲望之間，她選擇了提高能力，重新確定目標，制定計劃並且執行到底。不過在現實中，能力和欲望的距離如果很大，建議提高能力的同時降低欲望。

法國文藝復興時期的大思想家蒙田（Michel de Montaigne）說：「世界上最偉大的事，是一個人懂得如何做自己的主人。」我想補充一句：「世界上最困難的事情也是做自己的主人。」

認識自己是一個人持續終生的課題，甚至一不小心還會被自己的認知欺騙。人貴在認清自己，想明白自己有多少籌碼與能力、能做成什麼、不能做什麼，在此基礎上調整預期，校正方向，控制不合理的欲望，制定能達到的目標，執行可完成的計劃。這樣一路走下去，無論是留在大城市還是回到故鄉，最終結局都不會太差。

本章重點

1. 在大城市打拚還是回鄉安身，其實沒有標準答案。不要被自己的認知欺騙了，你得認識到自己真實的內心，才能做出更適合自己的人生規劃。
2. 認知失調理論：這種自我欺騙是個人內部解除失調感的過程。為了消除這種失調感，人們往往會採取「重新評價」的方式對其工作進行解釋，因此他們會認為這項工作「雖然錢少，但意義重大」。
3. 人們在面對生命中的不同目標時，往往會產生衝突，三種衝突類型：雙趨衝突、雙避衝突、趨避衝突。
4. 能力和欲望的評估：換行業、提高賺錢能力、降低門檻競爭、選擇合適的伴侶等，核心就是提高個人能力，或者降低自己的欲望。

10

資源分配　平衡工作與生活

對還在拚搏路上的我們來說，
日子永遠都像是被生活和工作嚴絲合縫地咬合著的齒輪，
運轉中只要一個齒輪被卡住，整組齒輪就會亂套。

有學生問我，學業、工作繁重，壓力大到喘不過氣，完全失去個人生活，該怎麼辦？還有人說自己學不會統籌時間，嚴重拖延、無法自律該怎麼克服？當然最多的問題還是，如何成功地平衡工作和生活。

充分利用碎片化的時間

很多時候，時間是浪費在路上的，尤其是交通負擔較重的城市。

早些年，我住得離學校很遠，地鐵單程一個半小時，我每天都用這段時間看文獻，等到學校，我起碼已經看了一個小時的書，放學路上又能看一個小時的書。在香港攻讀博士期間，我每天步行爬山上下課，翻書不方便，我就將學習類的有聲書存到手機裡在路上聽。

以前我不喜歡長途出差，覺得又累又無聊，現在我最愛這種「跋山涉水」。飛機上十幾個小時，或者高鐵上四五個小時，這麼長的時間，當然是寫論文。沒有比這個時間段更適合寫論文的了，因為我可以不被孩子搶電腦、不被各類雜事干擾、連續好好工作幾小時。

還有一點非常重要：隨身攜帶電腦。對日程被嚴重割裂、時間高度碎片化的人來說，這點真的太實用了。排隊等餐的時候，孩子自己玩的時候，乘坐計程車（尤其堵車）的時候……隨時翻開電腦連上網就可以開始工作，**不把時間浪費在無聊的等待上**。

當然，碎片時間也分為「大碎片」和「小碎片」。如果是稀碎的小碎片，可以拿來玩遊戲或者休閒放鬆。一來，一、二十分鐘實在沒法用來辦公，思路還沒接上又中斷了；二來，工作與娛樂兼顧還是必要的。

讓拖延變得充實有意義

如果有人問我，做自媒體算是我生活的一部分還是工作的一部分？我覺得算生活的一部分吧。如果當工作來做，我可能也會拖延。

這就要說到應對拖延的技巧了。不要無所事事地拖延，要充實而有意義地拖延；要用其他小任務把拖延大任務的時間填充起來。你也可以把拖延的時光看作另一種形式的「碎片時間」。當碎片足夠大的時候，就要用有意義的事情將它填滿，譬如看幾十頁書、寫篇文章、陪孩子親密互動或是為家人做一桌大餐。

以我自己為例，當我焦慮、拖延的時候就會停下來換個節奏，構思粉絲頁的內容或者寫兩頁書稿。最後我發現自己在拖延寫論文的空檔，居然把自媒體做起來了，並且寫了一本書……不想思考的時候，我就會做菜，或者翻閱歷史書，這樣既減壓又能獲得一種「我沒有浪費人生」的安慰，能夠起到正面的情緒調節作用。

總之，**不要一邊焦慮一邊沒完沒了地刷手機，刷完手機不一定會感到放鬆，反而會充滿挫敗感和緊張感**。

節約使用認知資源　充分利用集體智慧

一個人的認知資源是有限的，完成每一項任務都需要運用心理資源。同時操作幾項任務時必須共用心理資源，但是人的心理資源總量終歸有限，當認知資源被某些事大量佔據時，另一些事情的處理就得不到足夠的資源調配。

所以，要充分利用朋友之間集體智慧產生的協同效應（也就是「一加一大於二」的效應）。例如朋友A懂吃的，你就跟著他吃；B懂穿搭，你就學他的穿搭；C懂玩樂，你就跟著他玩樂；D懂學習，你就跟著他一起學習……如此就省去了自己調用認知資源去鑽研的時間和精力，生活品質也會得到大幅提高。

譬如鹿老師的朋友，她很喜歡鹿老師的穿搭風格，但她工作太忙，而且她既不懂服飾搭配也沒空研究，於是她就把自己和孩子的行頭完全交給鹿老師打理，而鹿老師也樂於幫她挑選和搭配服飾。這樣一來，她就不必再為自己、孩子穿搭而操心了。

建立品牌忠誠度

這同樣涉及認知資源的節約使用。很多人認為選擇越多越好，但是選擇越多調用的認知資源也越多。因此在品牌選擇上建立忠誠度，可以有效節省大量認知資源。

例如買車。一項研究顯示，年輕人平均需要在十九點四九個選項中做選擇，老年人則平均需要在六點零四個選項中做選擇。由此可見，老年人的品牌忠誠度更高。因為認知功能的明顯下降，**老年人的生活智慧就是「少一點選擇，多一點幸福」**。

很多年輕人購物時喜歡研究半天、比較半天，其實這樣往往會多花錢，而且耗費精力。所以我一般是用到適合的、有品牌保證的東西就不輕易更換品牌，需要補貨的時候直接回購，不把腦細胞消耗在貨比三家、研究產品功能上。同時，保存期限長、易消耗的用品可以多買一點，降低購買頻率，買一次用一年的狀態最好。

任何時刻都可以是親子時光

我經常會利用孩子挖沙子、拼樂高、搭玩具火車軌道的空檔來寫自媒體文章，有人可能會有疑問，這樣不就無法給予孩子「高品質的陪伴」了嗎？

瑪麗・安斯渥（Mary Dinsmore Ainsworth）在嬰幼兒依戀類型測試——陌生情境測驗中發現，安全依戀型的兒童可以放心地把後背交給父母，自己獨立玩耍，自由探索周圍環境。因為他知道，父母隨時都會在自己身後。在這種安全的依戀關係中，父母不需要時時刻刻與孩子刻意互動。他玩他的，你做你的，是讓彼此都舒服的親密關係狀態。

什麼叫作低品質的陪伴呢？就是在孩子需要你給予積極回應的時候，你一直缺席，人在心不在。很多研究發現，這種低品質的陪伴對孩子的積極影響幾乎可以忽略不計，與不陪伴沒有顯著差異。

其實親子互動的時光不一定非要刻意抽出時間來營造。譬如帶孩子乘坐交通工具的時候，和孩子玩各種遊戲（不用擔心玩什麼遊戲，孩子會自己發明無數種角色來扮演）；帶孩子去醫院等叫號的時候可以給他講故事、讀繪本；和孩子一起攪拌雞蛋、揉麵團等等。

參與家庭建設、陪伴孩子，不只是媽媽的職責。心理學家麥可・蘭布（Michael E. Lamb）花了大量時間研究父親在兒童成長中的作用，他發現，父親在兒童教育各方面的積極參與對兒童的成長有重要影響。

舉個簡單的例子，父親與孩子的「遊戲」行為，可以提升兒童的社會性、競爭力，對於兒童性別角色的形成也有很大的幫助。相反，如果父親缺席了孩子的成長，這樣的孩子在認知能力、社會適應，甚至擇偶觀念上（尤其是女兒）都可能出現不同程度的問題。

適當地用金錢置換時間

經濟學家安南蒂．曼妮（Anandi Mani）的一項研究顯示，貧窮對認知功能具有妨礙作用。其實，更準確的說法是，貧窮會導致人陷入謀求生計的瑣事中，而大量佔用認知資源，使人無力進行長遠全局思考的正是大量繁雜的瑣事。

在經濟狀況允許的情況下，適當地用金錢置換時間，從瑣碎中解脫出來，也是很重要的。譬如，每個星期可以請清潔人員打掃衛生，請幫傭阿姨幫忙做飯，能外送或宅配的東西就不要自己跑去買等等。**這不是偷懶也不是揮霍，而是借助社會分工來解放自己，節省自己的精力和體力。**

我曾經也認為工作應該和生活嚴格分開，畢竟「玩就玩個痛快，學就學個踏實」。譬如下班以後就絕不再查看郵件，回到家後堅決不討論專業上的事情，陪家人的時候就不能被工作打攪，否則無法給予家人高品質的陪伴。

後來我發現這種想法太過天真了。一個人的社會角色一多，工作和生活就真的很難分開。對還在拚搏路上的我們來說，**日子永遠都像是被生活和工作嚴絲合縫地咬合著的齒**

輪，運轉中只要一個齒輪被卡住，整組齒輪就會亂套。

當我學會把工作和生活相結合之後，我發現，我學會了把科普做得更深入淺出，不僅和家人的交流品質更高，教學技能也大為提高了。由此我認為，**工作和生活雖然不可能完全互不影響，但也可以做到相得益彰，相輔相成**。

社會資源支持

最後我想說，社會支持也至關重要。我覺得工作與生活平衡其實是一個偽命題，因為一個人的認知資源和精力終歸有限，很難同時在兩方面都投入足夠的資源。這就好像要做「雙任務」一樣：主要任務做好了，次要任務一定會有割讓；若是兩個任務都做好了，那一定是以另一個人的犧牲和付出換取的。

能夠兼顧工作、生活的人，不論是男性還是女性，一定離不開社會支持——合作夥伴的支持、伴侶的支持、父母的支持。譬如如果我沒有合作夥伴的配合，做不好研究；沒有鹿老師的幫助，就做不好科普工作；沒有父母、岳父母的幫忙，我也無法照顧孩子。

所有的歲月靜好，一定是因為有人在幫你負重前行！

本章重點

平衡工作與生活的方法：

1. 充分利用碎片化的時間。
2. 讓拖延變得充實有意義。
3. 節約使用認知資源，充分利用集體智慧。
4. 建立品牌忠誠度。
5. 任何時刻都可以是親子時光。
6. 適當地用金錢置換時間。
7. 社會資源支持。

老子說：「知人者智，自知者明。」心理學研究認為：「認識自我」和「接納自我」正是不斷自我成長、自我提升的基礎。一個人只有準確覺察到自己內在的真實情緒體驗，接納完整的自我（「完整」既包括「好的」，也包括「不好的」），才能妥善管理自己的心理狀態。

心理學家對動物所做的鏡像實驗發現，老虎會攻擊鏡子裡的自己，因為牠們沒有自我意識。同樣，如果我們不能正確認識「真實的自己」，也很可能像老虎一樣「攻擊」自己。一個人如果不能認清自己內心的需要，就只能一直處在徒勞的掙扎中，無法接納自己、對自己造成傷害而不自知。

PART 4

自我療癒

被接納的我才是完整的我

我認識不少業餘時間來修讀心理學的人，很多人都是抱著治癒自己的目標來的。其中有人就問過我：「接納不好的自己，難道不會導致自暴自棄嗎？」恰恰相反，很多人焦慮、憂鬱的根源就是無法接納自己。甚至許多精神控制、精神虐待，都是在利用無法接納自己的弱點來進行催眠或是摧毀，因為當一個人完全不接納自己後，就會迫切需要他人的「拯救」和「重建」。

我常常告訴他們，療癒也好，成長也好，改變也好，這一切都要建立在全然的自我接納的基礎上。在完全接納自己的不完美後，人的狀態才會是向上的、豐盈的、充滿熱愛的，這樣就能自由地發展自我，建立更理想、更積極的自我。

01

面對曲解和惡意攻擊　穩定的自我同一性

自我同一性就是一個人在一生中追尋「我是誰」、「我想做什麼」、「我要成為什麼樣的人」、「我想過什麼樣的人生」這些問題的答案的過程。

我們平時在生活中或在網路上表達觀點，或是與人相處或交流的時候，難免會身處在各式各樣的評價之中。正面的、合拍的評價自然人人喜歡，畢竟人總是喜歡透過尋找相同觀點者辨識自己的同類。

可是惡意的攻擊在所難免，因為不管你的表達內容如何，總有人能解讀出你不曾表達過的含義；或是有人總是要在別人的故事裡投射自己的憤怒；不管你說得對不對，總有人認為自己比你更對。

當惡意的評價、曲解，甚至人身攻擊來襲的時候，有些人的內心會深感困擾，惡劣的情緒好幾天都無法消除，有人甚至對自己的言行和人生產生懷疑。當然，被人攻擊了，生氣是很自然而然的情緒。生氣五分鐘，那還算正常，但如果生氣幾天幾夜，甚至因此失眠，幾年之後的某一天突然想起來還是氣得頭疼，還能清晰地感受到當時被攻擊的那種創傷體驗，這樣就對我們的生活產生困擾了。

也有另外一些人，不論別人如何發起惡意攻擊都不會在意，不氣不惱，不急不躁，即便是生氣，時間也不會太久。不管別人如何評價，他們總是雲淡風輕，信心滿滿，毫不在乎自己的評價好壞。

獲得自尊的途徑

那我就來說說，為什麼有些人會對別人的評價特別在意，而有些人不會。

一個人獲得自尊至少有兩條路徑：一條是他評路徑，即不斷透過他人給你的肯定和積極評價來獲得自我肯定；另一條是自評路徑，即你很瞭解自己和需要，你的自尊來自於自己的價值評估。

一個看重自評的人，比較在意有沒有實現目標，而他人的看法在「我」的評價體系中相對不那麼重要。例如，「我」做對一件事情（考取好成績），會因此感到滿足，這個滿足感來自事件本身（學到感興趣的知識），並不來自他人的讚揚。而一個看重他評的人，對事情的滿足感則主要來自外界的肯定（評分、排名、老師和家長的誇獎），如果沒有外界的正面回饋，事情本身則失去了意義。

但無論是看重自評還是他評，要從自我同一性的發展說起。

建立穩定的自我同一性

所謂自我同一性，是指一個人將自己的需要、情感、能力、目標、價值觀等整合為統一的人格框架，具有自我一致的情感與態度，以及自我恆定的目標和信仰。當一個人嘗試著把自己各方面結合起來，去形成一個與自己內心協調一致的統一風格的自我，形成一個比較穩定的人格，這就是在發展自我同一性。

自我同一性就是一個人在一生中追尋「我是誰」、「我想做什麼」、「我要成為什麼樣的人」、「我想過什麼樣的人生」這些問題的答案的過程。而建立穩定的自我同一性，就是指一個人探索自己想要成為什麼樣的人，而且他對自我發展目標的認知很穩定，並且最終成為希望成為的那個人的過程。

在尋求自我發展的主題中，有理想、職業、價值觀、人生觀等方面的思考和選擇。譬如《少年Pi的奇幻漂流》中的Pi，一開始什麼宗教都信，這種精神信仰的混雜狀態伴隨著他的成長，這也屬於嘗試建立自我同一性的一部分。

兒童在成長過程中的主要任務是認識世界，而成年人的主要任務則是認識自己。自我同一性的建立始於青春期，但不是每個人都能順利地度過這個階段，有的人可能終其一生也無法很好地完成這個任務。如果沒有建立起很好的自我認知，即便他是一個閱歷豐富、事業家庭成功、人生勝利組的成年人，也仍然有可能因為他人對自己的評價而倍感困擾。從這點來說，他仍然是個卡在青春期裡出不來的小孩。

「在我的自我概念中，什麼才是最重要的？」這個問題的答案可以幫助你判斷自己是否已經順利度過自我同一性的建立階段。

答案分成兩種：一種是事實性的，譬如「我覺得我的目標對我來說是最重要的」；另一種則是評價性的，譬如「我覺得最重要的是別人如何評價我」。

對第一種看重自評的人來說，「我的人生與事業」是重要的。因此，他們對於外界的評價，首先會認為家人、專業人士、志同道合的朋友等的評價比較重要，而網友的評價並不重要，因為某些網友沒看完或者沒看懂「我」所要表達的意思就開始攻擊人。即便是專業人士的評價，也要先判斷他們說得對不對。**如果是對的，那就沒有必要生氣，理性討論、**

改正錯誤即可；如果他們的評價並不合理，更不必生氣，因為「我」可以確定自己是正確的，對於我的人生與事業就夠了。

對第二類看重他評的人來說，得到別人的肯定和正面評價是重要的。這種人往往有意願擺脫別人的負面評價對自己的影響，因為他們正在努力建立自我，但他們又沒有足夠強大的自我認知來擺脫這種他評體系的影響——他們還處於自我同一性的混亂之中，不知道該聽取哪一種聲音。這時候，**任何與自我認知不同的雜音都會變成一種挫折，都會引起同一性危機，開始自我懷疑。**

同一性危機會導致兩種可能：**第一，啟動心理防禦機制中的「憤怒」或「羞怯」來進行自我保護，因而產生「攻擊」或「逃避」的行為。**這類人往往會對攻擊性的留言格外敏感，譬如，「我已經做得很好了，為什麼還是得不到別人的理解和認可？」**第二，形成一種討好型的反應機制。努力改變自己的言行認知，來迎合他人的評價和要求，哪怕這種改變是令自己感到痛苦的、壓抑的和認知失調的。**

這兩類人在生活中都能找到非常典型的案例。譬如在網路社群裡，有人非常喜歡點評和攻擊別人的外貌。看重自評的人在遭到不友好的攻擊後，反應是「你說不好看就不好看嗎？我知道自己喜歡什麼樣的風格」。

而看重他評的人，又會分為兩種情況：一類人會異常憤怒，和對方能吵上好幾天；另一類人的反應則是，按照對方的點評改變自己的穿著打扮，並且在得到對方認可之後表示「要得到你的肯定可真不容易」，然而，如果此時其他人也發表了不同意見，他會再次迎合改造自己，在不同意見之間來回搖擺。

自我同一性在現實生活中的運用

我們在探索自我的過程中，需要分清楚「自己」與「他人」的不同分際。我們的行動是自己可以控制的，而他人對我們的評價和看法是我們無法控制的，而是否受他人評價的影響，則又是我們可以控制的。

經常有讀者對我說，自己選擇北漂、選擇錢少但喜歡的工作或者選擇攻讀碩博士，他們認為這種狀態很好，但他們的親戚總認為「你日子一定不好過」，他們為此感到憤怒和困擾。或許，他們內心深處還沒有十分確信自己選擇的生活方式好不好（我猜測現實情況有可能是利弊共存的），所以外界的偏見和看法會影響他們的情緒，憤怒的根源還是渴望別人的認可。當一個人非常確信自己想要的生活時，別人的話在他們看來可能只會當個笑話，畢竟他們還有更重要的事情得做。

如果一個人完成了自我同一性的建立，有足夠的力量和自信去評價自我，那麼外界的各種聲音對自己的影響就會變得很小。**一個人的自我認知、自我評價體系很穩定，別人再怎麼惡意揣測、攻擊、質疑（如果是不合理的），他都會如如不動**。

因為他會相信自己內心的判斷，知道他人所言並不真實，也不需要透過他人的肯定來獲得自尊，因此情緒不會受影響，更不會因此懷疑自己的價值和某件事的意義。

美國有一位比較胖的女主持人，在被觀眾攻擊了外貌之後說過一句話，我特別贊同。她說：「不要讓霸凌者定義你的價值。」

講到這裡，可能會有朋友混淆一些概念。譬如有人問我：「面對有分量的人，自我同一性不穩定；面對無足輕重的人，自我同一性特別穩定。這是不是欺軟怕硬？」

堅定的自我不該是看對方是不是有分量的人，而是來自內心堅定的目標和對自我清晰的認知。如果因為給出評價的人是權威，就質疑自我；反之，如果他的社會地位無足輕重，就不把人家的話當回事，那麼其自我同一性自始至終都是不穩定的。

意圖傷害他人的人並不等於「弱小的人」，說他們不重要、不用在乎他們，不是因為他們的地位無足輕重，而是因為他們的詆毀並不能讓我們成為更好的自己，對我們的成長沒有益處，所以我們不該讓這些攻擊影響我們對自己價值的判斷。

還有人問：「自我認知穩定和剛愎自用有什麼區別？」

自我同一性穩定的人往往很自信，自信的人可以接受批評意見。說話做事要求問心無愧，對得起自己的價值觀，而非尋求所有人的認同。譬如：「我只要盡心盡力做好就行了，至於你罵不罵我，就不在我的控制範圍內。」

而剛愎自用的人往往很自負，自負的人是聽不得批評意見的。自負的人自尊往往不穩定，做人做事的目標就是為了求得他人的認同和肯定，他們會因同一性危機而啟動「憤怒」的自我防禦機制。因此這類人不太能接受批評，譬如「我做事不可能有錯，所以你們不能罵我」。這有點類似自戀型人格障礙。

自我同一性是指個人對自己「是什麼樣的人」以及「想成為什麼樣的人」有明確的認知，並且這個認知很穩定，不輕易受到外界干擾。同時，自我同一性穩定的人可以不被雜音干擾，這並非不聽取他人意見，他們會根據有益的建議修正自己的路線。

因此，我所說的是「不要被不必要的評價干擾」，並沒有說「不要在意不同的聲音」。兼聽則明，我們永遠都要虛心聽取別人的建議。

譬如我剛就業的時候，有學生反映說我上課無趣，有些批評還相當不客氣。對此，我反問自己：我的目標是什麼？當一個好老師。他們批評得對不對？我認為是對的，那我就需要改變、練習和提升。

我聽取了負面評價並做出改變，這是自我同一性不穩定嗎？當然不是。因為我意識到並且也認同「我上課無趣」這一事實。為了實現「做個好老師」的目標，我選擇提升自我，做出改變，所以在這個情境中，我的自我同一性自始至終都是穩定的。

還有人問我：「我媽媽看不慣我的打扮，埋怨我不注意形象，我很難過。」

我建議解決步驟如下：

1. **我的目標是要成為家裡的時尚指標嗎**？不是。我要統一家庭成員的審美觀嗎？不是。明確這點之後，媽媽對我穿衣品味的貶低就不影響我對自我價值的評估。那我的目標是什麼呢？家庭和諧。既然如此，我沒有必要在打扮問題上和媽媽爭論對錯。
2. **為了實現家庭和諧，我該做什麼**？接納媽媽的情緒。
3. **解決方案是虛心接受媽媽的建議，但堅持自己的審美觀**。譬如「媽，你的品味真好，你打扮得真美，我以後要多向你學習穿搭！」多用誇讚的語言哄哄長輩，但自己想怎麼穿就怎麼穿。

如果一個在乎自評的人能有準確的自我判斷力，那他自然是心智健全的人。但如果一個人缺乏準確的判斷力，又只在乎自評，不在乎他評，自我感覺良好，那麼在他人眼裡，他可能會是世俗意義上的剛愎自用。但即使如此，如果他沒有違背法律道德、善良風俗，也不侵犯他人利益，別人就沒有資格干涉他。

培養孩子的自我同一性

父母要給予孩子無條件的積極關注。無條件的積極關注指的是給予無條件的愛，不管孩子做什麼，都要表達對孩子的愛，並關注孩子。

首先，我們要區分無條件的愛和無底線的愛、無原則的愛。無條件的積極關注，不是不分是非的縱容，不是犯錯了也不懲罰、做得不好也使勁誇讚、不立規矩任其自由發展。下面以孩子畫畫為例，說明三者的差異。

什麼是有條件的愛？孩子畫得不好，家長就打罵孩子，羞辱孩子「豬都比你聰明」；孩子畫得好，家長才表揚他、獎勵他。

什麼是無底線的愛？家長發現孩子畫得不好，還強行誇讚他是藝術天才，如果別人指出孩子的不足那就是沒眼光，就是老師沒教好，誰說不好就罵誰。

什麼是無條件的愛？家長認為孩子畫得不是很好，但引導孩子怎麼畫，或者幫助孩子發現自身其他的優點，即使畫不好，也可以做其他擅長的事情，鼓勵孩子不斷去嘗試、去努力。

很多缺乏自信的朋友，往往是由於在成長環境中缺乏無條件的積極關注。不管是來自父母的忽視、有條件的愛，還是成長環境中老師、同學、朋友的態度，抑或是其他生活事件的影響，他們都不能接納「不夠好的自我」，無法體驗「全部的自我」，無法建立穩定的自我同一性，因此產生缺乏自信的心理。

父母要鼓勵孩子積極「嘗試」

心理學家詹姆斯．馬西亞（James E. Marcia）對艾瑞克森的自我同一性理論進行了拓展，**並提出「嘗試或探索，是孩子建立自我同一性過程中至關重要的一環」**。譬如，孩子想當飛行員，父母希望他考公務員。如果是開明的父母，就會收起自己的擔心，允許孩子去嘗試，哪怕試錯也有助於達成建立自我同一性的目標。如果父母不放手，要求孩子必須按照自己規定的路線去生活，則會引起自我同一性的「閉鎖認同」（Identity Foreclosure），這種情況下，孩子看似達成了一個圓滿的目標，但實際上背後隱藏了自我同一性危機。

在自我努力和外界力量（譬如父母的養育方式，老師、朋友的影響）的共同作用之下，自我同一性的探索會有以下四種結果：

1. **定向型認同**（Identity Achievement）：我進行了探索，並且成功，最終獲得了穩定健康的自我認知。

2. **未定型認同**（Identity Moratorium）：我進行了探索，但是沒有成功，同一性沒能建立起來。

3. **早閉型認同**（Identity Foreclosure）：我沒有進行探索，但獲得了成功，同一性的建立中止。

4. **迷失型認同**（Identity Diffusion）：我既沒有探索，也沒有成功，同一性建立失敗。

以上自我認同的四個類型，可以給家長的啟示為何呢？

孩子在叛逆期的逆反行為，包括和父母吵架、對抗、早戀、追星、不好好讀書、不找工作、未婚先孕等父母不能理解的行為，也就是沒有「在適當年齡就做適當年齡該做的事」，如果沒有違背法律道德、社會秩序良俗，沒有傷害他人及自身，其實也未必是壞事。

因為孩子在這個看起來「繞遠路」、「浪費時間」的過程中，其實是在進行一種「我想成為什麼樣的人」的探索，**是在完成從少年到成年的蛻變，也是自己作為一個獨立個體從原生家庭的互依模式中脫離的過程**。**如果他們內心的衝突在對外釋放的過程中逐漸得到消解，最終達到一種平衡，即進入了一種穩定人格的狀態，他們往往也能與父母最終達成和解**。

但在這個親子博弈的過程中，如果父母十分強勢地掌控了局面，而子女又沒有足夠的反抗意識或反抗能力，就會造成「虛假和平」的局面，孩子早早關閉了自己的「導航儀」，不再探索「我是誰」，也不再嘗試「我想做什麼」，直接進入父母保駕護航的人生軌跡，而不會偏離航線，這就是早閉型認同。

在這種情況下，父母也許會自豪於孩子的聽話、懂事與孝順，因為這種「別人家的小孩」會把普通小孩用來叛逆、逃課、早戀的時間全都用來學習和包裝自我，因此常常能夠按照父母的計劃，早早按部就班地走向人生的「成功」。

這看起來似乎是圓滿的結局。其實不然，這類人的同一性危機是隱藏在暗盒裡。因為他們內心衝突產生的負能量不會憑空消失，只能向內瓦解自己，或者向外毒害他人（比自己更弱勢的一方）。

成年後自我認同的建立

如果在青春期沒有建立好同一性，成年後還能建立自我的同一性嗎？

從艾瑞克森社會心理發展的觀點來看，如果在某個階段特定的任務沒有完成，就會導致某些發展的停滯。但是從其他臨床或是發展的觀點來看，人是具有終身發展能力的，可塑性也很強，所以在其他階段完成之前沒有完成任務也是完全可行的。

這裡可以從內力和外力兩個方向來努力。

從外力上來說，可以選擇能給予你無條件積極關注的人生夥伴。有人說，我小的時候父母沒有給予我無條件的積極關注，我要怎麼改善自我同一性的建立呢？你無法選擇父母，無法選擇原生家庭，但在人生的後半場與什麼樣的人同行，大部分人都是可以選擇的。

如果你的閨密、你的伴侶、你的室友等常常讓你想否定自己，感到溝通很累，感到自己的意思被歪曲、被過分解讀，那我認為這不是一個良好的人生夥伴，這類人會攫取你的養分，讓你的生命乾枯。

從內力上來說，還是要內心足夠強大。這聽起來可能是一句正確的廢話，但確實有用，相信我，**三十歲後，我們可以成為自己的原生家庭**。**你要明確自己的目標，做任何事情都要向著目標前行，不要「身在此山中」**。**不妨當一回無人機，飛出來看看全貌，看看目的地在哪裡**。被惡毒之人的貶低和咒罵困擾，能讓你的人生得到提升和進步嗎？如果不會，那就請忽略它們，繼續前進。

本章重點

1. 獲得自尊至少有兩條路徑。他評：即不斷透過他人給你的肯定和積極評價來獲得自我肯定。自評：即你很瞭解自己和需要，你的自尊來自於自己的價值評估。
2. 自我評價體系很穩定，別人再怎麼惡意揣測、攻擊、質疑（如果是不合理的），都會如如不動。
3. 自我同一性是指個人對自己「是什麼樣的人」以及「想成為什麼樣的人」有明確的認知，並且這個認知很穩定，不輕易受到外界干擾。同時，自我同一性穩定的人可以不被雜音干擾，這並非不聽取他人意見，他們會根據有益的建議修正自己的路線。
4. 自我同一性的探索會有以下四種結果：定向型認同、未定型認同、早閉型認同與迷失型認同。
5. 青春期的自我同一性，完成從少年到成年的蛻變，也是自己作為一個獨立個體從原生家庭的互依模式中脫離的過程。如果他們內心的衝突在對外釋放的過程中逐漸得到消解，最終達到一種平衡，即進入了一種穩定人格的狀態。
6. 成年後的自我認同建立：選擇能給予你無條件積極關注的人生夥伴、內心要足夠強大，成為自己的原生家庭。

02

自我接納　接受自己「做不到」

覺得自己做不到「不在乎他人評價」的人，也不必有心理負擔。
這只是一個「啟發」，不是一項「任務」。

前文中我講到要建立穩定的自我同一性，釐清人生目標是為了實現自我而不是迎合他人；要建立穩定的自評體系，擺脫他人評價對自我認知的影響等等。可能有些朋友會有這樣一種感覺：道理都懂，要做到卻很難。懂得了道理之後，能做到自然是好的，做不到也沒關係，我們仍然可以選擇接納自己的「做不到」。

接納自己的「做不到」

我以前曾說過，自從開始做自媒體，有個問題一直困擾著鹿老師，即那些不友善的評論經常會影響她的情緒。為了處理好這個困擾，她請教過很多有同樣經歷的人。然而，好像其他做自媒體的朋友都妥善處理了不友善言論和自己情緒之間的關係，大家都告訴她「認真你就輸了」。

是啊，一個自媒體人，怎麼可以那麼認真地在意每一條評論呢？一個連惡意評論關都過不了的人，又怎麼能經營好這份任人評說的事業呢？對比別人的雲淡風輕和自己的難以釋懷，鹿老師更加自責、沮喪，發願要努力改變自己的「不冷靜」，結果這件事卻成了一個解不開的心結。

直到有一天，她向一位很成功的同行業直播主L老師問道：「你的留言區有人罵你嗎？你如何處理那些評論以及被罵後的情緒？」L老師回答她：「其實我也處理不好，我也很害怕看到惡意評論，所以太惡意的評論我會刪掉。」

後來，鹿老師對我說：「我感到釋懷了，好像突然不在乎那些惡評了。」我問她為什麼突然有此轉變。她回答：「也不是不在乎惡評，而是不在乎那些惡評帶來的壞心情了。一直以來我想克服自己的不成熟，越是想把這些壞情緒隱藏起來，這些壞情緒反而會變大膨脹。現在，我可以坦然接受這種壞情緒了。」

我又追問帶來這種轉變的原因是什麼。她說：「因為在我看來，非常理性、非常淡定、非常成熟，好像面對所有情緒問題都有解決辦法的L老師，也會有這種困擾，我突然對自己的困擾沒有那麼強烈的羞恥感了。我想，原來他也害怕惡評，他也過不了這一關，他也選擇了逃避；原來很在乎別人評價的人，也一樣可以把自媒體專欄做得那麼好。既然這樣，我也可以不選擇『克服』，而選擇『逃避』。」她領悟的那一刻，我也領悟了。

一直以來我希望幫她解決這個問題，為她示範各種雲淡風輕的「正確做法」，沒想到這些示範成了另一種壓力，增加她的自我羞愧感。所以，**覺得自己做不到「不在乎他人評價」的人，也不必有心理負擔。這只是一個「啟發」，不是一項「任務」**。

如果現在你覺得自己「無法做到不在乎他人評價」是一個需要改掉的「毛病」，那我可以告訴你，這不是毛病，只是你目前的一種狀態。你不必強迫自己改掉這個「毛病」，去迎合他人，得到別人的認可，也不必讓別人覺得「我不是一個恐懼評價的人」。

我想表達的是，如果別人的評價給你造成了困擾，那麼你只需調整這樣一種狀態，目的是讓自己更自在、更舒展，身心更愉悅，人生更快樂。如果你暫時無法調整也沒關係，沒有必要因為想要「強行自我接納」，反而給自己再疊加了另外一層的「無法自我接納」。

再說回來，為什麼「L老師也有評價恐懼症」這件事有「治癒」效果，能幫助鹿老師接納自己當下的狀態呢？

因為人常常是在社會比較中來認識和評價自己的，根據費斯廷格的理論，這種社會比較有平行的（與自己差不多的人比較），有向上的（與比自己優秀的人比較），也有向下的（與不如自己的人比較）。

向上的社會比較固然有積極作用，有利於我們見賢思齊、不斷進步，但一味地向上比較，容易造成過大的壓力和不良情緒。譬如，「為什麼別人都能做好的事情我卻做不到？」為避免出現這種不良情緒，我們有必要進行向下社會比較。譬如你考試沒考好，原本你很難過、很自卑，可是當你看到同學考得還不如自己的時候，心情是不是就好多了？可見，**向下比較，能幫助我們獲得幸福感和成就感**。

鹿老師和L老師進行社會比較這個情境，是「在比我優秀的人身上找到和我一樣的缺點，甚至不如我的地方」。當鹿老師發現專欄經營得非常成功、平時看起來總是很淡定很冷靜、面對情緒問題似乎永遠有辦法的L老師，和自己有一樣的困擾，她就覺得自己的壞情緒其實不是大不了的大事。這也是很多心理治療中會使用「分享互助會」的原因，**因為這種「原來我不是一個人在戰鬥」的認同感，更有助於人們消除病恥感，從而接納自我**。

接納自我的重要性

為什麼心理學一直強調「接納」？因為一個人如果可以接納自己的任何部分，他就能進退自如，好的部分盡情享受，不好的部分也無須自責和隱藏。

生活本來就有好有壞。一個人就是一個完整的、有優缺點的整體，接納自己不可能只要好的部分，不要壞的部分。接納「不夠好」的自己，才能發掘「更好」的自己。

有人問我：「接納了不好的自己，會不會自暴自棄？」這是一個常見的誤解。自我放棄的人，往往都是無法接納自己的「不夠好」從而崩潰，走向自暴自棄。因為自暴自棄往往和羞恥感緊密關聯，這是另一種形式的習得性無助——「反正我已經差勁透了，也好不了了，索性就繼續差下去吧」。

接納自我則相反，它消除了你對自己的負面認知，讓你用一個中性、客觀的態度去對待問題。當你的注意力不再集中，甚至不再去放大、去強調「不好」的地方，反而能夠讓情況變得越來越好——「原來我的那些缺點也沒什麼大不了，我應該放下糾結，我值得更好的生活」。

我們的一位朋友A，她經常說自己身體某些部位疼痛，去醫院做了各種檢查，沒發現毛病，就是渾身都不舒服，越關注越難受，越難受越關注，甚至影響了正常的工作和生活。直到有一天朋友B說：「疼痛本來就是人生的常態，我已經把我的腰痛當成身體的一部分了，和平相處！」

從那以後，A釋然了，不再關注身體的疼痛了。過了幾年，我們再問她的時候，她回答說：「痛還是痛，只是它不再困擾我的生活了。」

本章重點

1. 覺得自己做不到「不在乎他人評價」的人，也不必有心理負擔。這只是一個「啟發」，不是一項「任務」。
2. 社會比較的形式：有平行、向上與向下比較。向上的社會比較固然有積極作用，有利於我們見賢思齊、不斷進步，但一味地向上比較，容易造成過大的壓力和不良情緒。向下比較，能幫助我們獲得幸福感和成就感。

3. 接納自我，消除自己的負面認知，用一個中性、客觀的態度去對待問題。當注意力不再集中，甚至不再去放大、去強調「不好」的地方，反而能夠讓情況變得越來越好。

03

糾正錯誤認知　克服社交恐懼

別人最多覺得這次演講內容不怎麼樣，或者再嚴重一點，主管的確會留下不太好的印象。但只要你的實力還在，世界末日沒有到來，以後就還有翻盤的機會。

社交恐懼具體表現為膽小、害羞，不會主動與人交流，不敢大聲說話，不敢面對大眾發表自己的觀點，譬如開會、演講的時候，害怕表現得不夠好，被別人嘲笑、輕視。簡而言之，還是太在意別人的眼光。

那麼膽小、內向、害羞該怎麼辦？不善社交、不敢公開講話該如何克服？

我自己其實就是一個很內向、很害羞的人，曾經在生活中也是沉默寡言，在公開場合也不敢講話。我和鹿老師剛約會的時候，走到哪裡，都是她在前面大步大步地走著，我在後面默默跟著；朋友聚會都是她包攬所有講話的工作，我幾乎不怎麼跟人開口。那時候她的朋友都對她說：「你男朋友怎麼那麼害羞啊！」

曾經有人得知我是心理學工作者後對我說：「你這麼內向，不是吃這碗飯的人啊！你都不跟人交流，怎麼研究別人的心理？」家人甚至也替我發愁，「你跟鄰居打招呼都臉紅，怎麼站上講台上課？」直到最近，十幾年沒見面的一個朋友和我相見後說：「你現在開朗外向多了，跟過去判若兩人。」

現在我確實比過去自信、健談、外向很多。當然，和一些天生能言善辯、善於交際的人相比，我還是有很大差距，但是和自己比，已經進步很多，起碼我現在上課，面對幾百名聽眾能夠口若懸河，不會緊張到腦海中一片空白，也能夠站上舞台做演講，能夠態度自若的面對鏡頭。

不斷練習

心理學中有種治療方法，叫作「暴露療法」。意思就是不給個案進行放鬆訓練，直接讓他（或想像或直接）進入最令他感到恐懼、焦慮的情境中，並逐步消除由這種刺激引發的習慣性恐懼、焦慮反應。

譬如你害怕坐飛機，那就讓你天天坐；你害怕演講，就讓你天天上講台；害怕社交，就讓你天天聚會。透過這種方式，糾正你對這類情境焦慮的錯誤認知，讓你意識到原來這也沒什麼大不了。

以演講為例，我曾在家對著鏡子練習演講，或者讓孩子的玩具娃娃排排坐假扮聽眾，或者讓家人扮演聽眾，練習多了自然就不怕了。而且，當一個人對要演講的流程足夠熟悉、對要表達的內容領悟得足夠透徹，自然就會胸有成竹。**自信從何而來？就來自那份盡在掌握、了然於胸的底氣**。

世界上並不存有「壓力」

這句話聽起來像是一句詭辯，但這確實是一個很簡單卻總有人想不通的道理。在我們的生活中，其實並不存在「壓力」這種物質。**「壓力」本身並不是一個客觀存在的事物，它只是我們對生活事件的主觀解讀——某件事是否能成為壓力，其實取決於我們對事件的主觀理解。我們會透過自己的主觀加工，把某些本來中性的生活事件解讀為壓力事件**。

我以前也是有評價恐懼的，在很長一段時間裡，我一上講台就會緊張，因為我擔心自己講不好被學生批評。我看到下面的學生竊竊私語或是偷笑，就覺得他們是在嘲笑我、議論我，那段時間我的教學評量得分也確實不高。

後來有一天，我突然頓悟了這個道理：壓力不是來自上課或學生本身，而是來自我對走上講台、面對人群的恐懼。於是我想了個辦法：上課的時候摘掉眼鏡，這樣我上課時就看不清學生的表情，也注意不到他們的議論。我完全沉浸在自己的課程當中，就好像講台、學生、教室全都消失了，我的世界裡只有我一個人在和自己對話。從此以後，我的教學評量得分一直名列前茅。

糾正對事件後果的錯誤認知

很多時候，對一件事情過分恐懼、焦慮會誤事，因為你主觀上誇大了它的負面後果的嚴重性。譬如你不敢和別人講話，怕講不好被別人笑話，給別人留下壞印象，但其實別人可能壓根沒在意，是你自己不合理地用災難化思維將後果放大了而已。又譬如你覺得某件事情沒做好，整個人生就完了，從此以後在心理上畏懼、逃避同類事情，形成惡性循環。

其實，搞砸一次演講，或者向主管簡報沒做好，最壞的結果又能壞到哪裡去呢？**別人最多覺得這次演講內容不怎麼樣，或者再嚴重一點，主管的確會留下不太好的印象。但只要你的實力還在，世界末日沒有到來，以後就還有翻盤的機會。**

我特別喜歡郭德綱相聲中的一句話，我自己將它命名為「破罐子破摔療法」，就是當我們遇到事情時，先捫心自問：「這件事搞砸了，會不會有殺頭的罪過？」如果沒有，那就放過自己吧！當然，該療法僅適用於對自己要求苛刻、情緒過度焦慮的人。本身就已經自暴自棄的人，千萬別再拿這個說辭自我安慰了！

追求可能的自我

一九八六年心理學家馬庫斯（Hazel Markus）和紐瑞爾斯（Paula Nurius）提出了「可能自我」（Possible Selves）的概念，它是指一個人如何思考自己的潛力和未來形象的自我概念，以及有關未來定位的自我描述，即我們想要成為的「自我」。

許多研究發現，**「可能自我」對個人的成長發展具有許多積極的作用，不僅可以預測和激發人們的行動，還可以指導和調整人們的行為，有利於一個人實現目標，也會幫助他更積極有效地應對現狀和解決困難，有效調節情緒，增加自信。**這有點類似於比馬龍效應（Pygmalion effect），即透過樹立自己對未來的美好期待與信心，最終促進自我實現。

在中國文化裡，喜歡把具有潛力的人比喻為「璞玉待琢」，我曾看過一個TED演講，題目為《真實的自己存在嗎？》，告訴我們，所謂「真實的自我」並不存在，因為我們的

「自我」是一個可塑的、流動的、變化的東西，**認識自我是一個需要不斷更新的過程。我們不需要急著定義自己是誰，也不需要急於給自己貼上「膽小內向」、「社交恐懼」、「人格障礙」的標籤，因為在成長過程中我們會一直變化，而個人成長的過程就是一個發現自我、認識自我，不斷讓自己變成「我想要成為的自我」**。

本章重點

1. 「壓力」本身並不是一個客觀存在的事物，它只是我們對生活事件的主觀解讀——某件事是否能成為壓力，其實取決於我們對事件的主觀理解。
2. 糾正對事件後果的錯誤認知：對一件事情過分恐懼、焦慮會誤事，因為你主觀上誇大了它的負面後果的嚴重性。
3. 我們不需要急著定義自己是誰，也不需要急於給自己貼上「膽小內向」、「社交恐懼」、「人格障礙」的標籤，成長過程中我們會一直變化，個人成長的過程就是一個發現自我、認識自我，不斷讓自己變成「我想要成為的自我」。

04

低自尊的人　放下評價積極關注自我

但當一個人發現，他接納了自己，給予了自己無條件的積極關注，跳出了各種評價的桎梏，自我的力量就會變得很強大。

一個人自我同一性不穩定、缺乏自信，往往因為童年經驗的創傷。因為缺乏無條件的積極關注，所以不能接納全部的自我，形成沒自信的性格特徵。

這種沒自信導致的結果除了膽小害羞（社交恐懼）、太在乎他人的評價（評價恐懼），**還有一個很典型的特徵就是：對自己的評價過低，產生了與實際情況嚴重不符的低自尊，總感覺自己不夠好，不配得到的心態非常嚴重，並低估自己的能力，非常容易產生自責、自罪、羞愧和自我審視的心態，因而在生活、工作、人際交往、親密關係中過於卑微。**

曾經有人向我提問，她覺得她交往過的兩任男友對她都很好，但是她在男友面前特別自卑，覺得自己一無是處。甚至男友誇她可愛、擁抱她時，她都會受寵若驚，繼而覺得羞愧、無地自容，因為她覺得自己不配。

既然她覺得兩任男友都很好，為什麼最後都談不下去了呢？她說因為她的自我厭棄，男友也常常在這段關係中感到絕望，對他們的未來感到迷茫。有時候因為她的自卑，兩個人的心情都會很糟糕。

我給她的建議是：你得先愛自己。足夠愛自己，才能給了別人健康的愛；不愛自己，給予對方的是扭曲的愛。

如果你嚴重低估了自己，這種低估不僅會讓你覺得自己很糟糕，就連你的親密同伴（如好友、男友）也會在這種心理暗示下覺得你很糟糕。有時候，你不一定是與他人對比了才覺得自己很差，甚至有可能是對方被你逆向比較了，才覺得和你在一起的未來黯淡無光。

改變錯誤的自我認知

我們要試著改變錯誤的自我認知，改變自我評價的方式，提高自尊，學會愛自己，這才是解決問題的根源。

很多自我評價過低的人，一方面總是把「要讓所有人都認可我」當作奮鬥目標，另一

方面又總覺得「沒有人喜歡我」，開始各種自我貶低、自我規訓、自我審視，甚至形成了討好型人格。而這種討好型人格又往往會吸引想要佔你便宜的所謂朋友、戀人，從而陷入惡性循環。

首先，「沒有人喜歡我」是第一層錯誤認知。這可能是一種錯覺，事實可能是，有人喜歡你，也有人不喜歡你。

其次，「要讓所有人都認可我」是第二層錯誤認知。沒有人能同時得到所有人的認可，而且如果一個人不認可你，那你為什麼要討他的喜歡？

這幾年我們做自媒體有個最大的體會，就是不管你怎麼盡力把一件事情做好、做對，力求面面俱到、盡善盡美，也還是會有人否定你、不喜歡你。而就算你覺得自己不完美，或是某件事做得不夠好，有很多缺憾，也一定會有人接納你、包容你、支持你、保護你，而這種人才值得你交往。

管理身邊的評價體系

人和人的關係需要「管理」，你身邊的人際關係、評價體系，也要向著良性共生的方向去管理，不要向著「惡性循環」的方向去管理。

譬如，你身邊有沒有那種特別擅長誇獎人的朋友？我建議你以後多交往接納你、認可你的朋友，遠離一味貶低你、整天說你不好的人。首先，它只適用於自我評價過低的人，自我評價很高的人，還是需要兼聽則明。其次，我們要分清「無條件的接納」和「無原則的吹捧」的區別。「無條件的接納」是指你有缺點，我也有缺點，我們兩個人相互欣賞、相互認可；「無原則的吹捧」是指有人沒來由地把你誇得天花亂墜，或者把自己偽裝成沒有缺點的完美形象，後面這一種人往往別有用心。

最後，「只和接納我的人一起玩」和「要讓一起玩的人都接納我」，很多自我評價過低的人，會混淆這兩個概念，總是把「要讓所有人都喜歡我」當作一個奮鬥目標，這樣容易變成討好型人格。

如果你經過一段時間這樣的「管理」，你會發現身邊誇你漂亮的人越來越多，你也會越來越覺得自己確實好漂亮！實際上你是否真的漂亮並不重要，重要的是你心情會越變越好，生活狀態也會越來越好。

不要放大正常的失敗

曾經有位來諮商的朋友對我說，自己「每天活得不如蟑螂」，「周遭的人像躲避瘟疫一樣」躲著她，她覺得自己「是這個世界上最多餘的存在」，說自己「不配像其他人一樣獲得任何快樂與幸福」。這是憂鬱症患者經常會產生的一種錯誤自我認知，他們把自己在一些正常範圍內的挫折，不合理地放大成了災難性的失敗。先不說「像躲避瘟疫一樣」是否只是她的主觀猜測，就算真有一部分人不喜歡她，也一定會有人喜歡她。

她說想到自己幹過的蠢事，甚至會作嘔。這其實是一種非常正常的生理反應。大家想到自己幹過的傻事，都會有一些刺激反應，有人會咳嗽，有人會發冷，有人會想吐，有人會腳趾摳地。**挫折其實是人成長過程中的必經之路，我們在工作學習中，也會遇到各種各樣的挫敗。每個人都幹過蠢事，或者說，「糟糕」才是正常人生活的常態。不要將這些「糟糕」放大，不要給自己設置很多「給差評」的假想評論員。**

別擔心找不到接納自己的人

全然接納你的戀人、朋友也許可遇不可求，但全然接納自己，其實是掌握在自己手中。你也許覺得自己暫時做不到，但起碼選擇權在你手中。你可以主動把那些有損你接納自我的人從生活中刪除，哪怕只是一個化妝品銷售員；讓那些有助於你接納自我的人和事多多出現在你的人生中，哪怕只是一部能讓你開心的電影，或一篇能讓你學會欣賞自己的文章。

自我接納、自我認同需要我們學會「放下評價」，活在當下。在人本主義者看來，有條件的積極關注是有問題的，會影響人長遠的人格發展。因為有條件的積極關注會讓人覺得只有自己把每件事都做得完美，才配得到好的評價和積極的關注，尤其是父母的關愛。**有條件的積極關注會導致一種「被評價脅迫和綁架的人生」。而無條件的積極關注，就是一種「放下評價」的處世之道。**

小時候，我們的積極關注主要來自原生家庭，也就是父母；長大以後，我們可以成為自己的原生家庭，自己給自己提供無條件的積極關注。

現代人焦慮和自卑的根源，就在於被各種評價（也就是有條件的積極關注）框住了，逃不出去。**但當一個人發現，他接納了自己，給予了自己無條件的積極關注，跳出了各種評價的桎梏，自我的力量就會變得很強大。**

為什麼我說有一個會誇獎人的好友很重要？這就是一種無條件的積極關注。

二十世紀四〇年代，美國心理學界還是被「精神分析」和「行為主義」兩大流派把持著。他們對於人的認知是「人性本惡」，但他們都忽視了人性中最重要的面向——自由意志和人的尊嚴。於是心理學的「第三勢力」——人本主義誕生了。

人本主義的代表人物之一就是卡爾．羅傑斯（Carl Rogers），他認為人都有一顆向善的心（這裡的「善」可以理解為成為一個好人，或成為心理健全的人），這在根本上符合我們中華傳統文化一直強調的「人之初，性本善」。

心智健全的人有如下特徵：坦誠對待自己的經歷；全身心投入生活，而非湊合過日子；相信自己的感覺和判斷；可以自己做決定，而非屈服於他人或社會的要求；有創造力，為人可靠，有建設性；過著豐富多彩的生活。

在羅傑斯看來，雖然每個人都有成為心智健全之人的潛力，但是現實中的一些桎梏阻礙了他們發揮和實現這一目標的潛力。**其中一個重要因素就是如何評價自我，進而接納自我。**一個心智健全的人，其重要特點就是相信自己的感覺，如果他們覺得一件事是對的，可能就會去做，不太會屈從於社會期待的角色要求（也就是我們前文提到的不被外界噪音所脅迫）。

為什麼另外一些人就會屈從於社會期待呢？這與他們所處的環境——有條件的積極關注有正相關。

這種人童年時期一般什麼時候會獲得表揚呢？大都是考試考好了、獲獎了、做好事了，才會得到表揚。如果達不到父母的期待，則可能被忽視、被白眼，甚至遭受打罵。父母絕不會因為他問了一句「為什麼」而給予表揚。**這樣的孩子慢慢地學會了拋棄和隱藏自己真實的想法和感情，拒絕自己的弱點和錯誤，只接受被人贊許的那部分。**

從小缺乏無條件積極關注的人，長大後會變成什麼樣呢？**一種是變成討好型人格的人**。就像美國情境喜劇影集《宅男行不行》中的李奧納德，從小他的媽媽只在他很努力的時候才給予一點點正面關注，只有當他獲得傑出成就的時候，才給予一點好臉色；當他卑微請求的時候，才肯給予一個勉強的擁抱。大多數時候，李奧納德的媽媽總是過於理性、冷漠地對待孩子的情感需求。

而李奧納德對母親的情感一直處於既害怕又抱怨、同時還渴求被愛的一種狀態中，以至到後來他對摯友謝爾頓和妻子佩妮，也始終處於不自覺的服務、照顧和討好的狀態。李奧納德在某種程度上需要一個有點「巨嬰」的朋友和有點小霸道的妻子，來滿足他討好別人的心理需求。只有這樣，他才能感受到自己是被肯定的、被需要的。

另一種是變成極度評價恐懼的人。由於長期缺乏無條件的積極關注，一個人沒有發展出很好的自我同一性，這種人往往既自負又自卑，經常處於極度渴望被肯定的狀態，會因為別人有意或不經意間的忽視、否定而憤怒、沮喪和困擾，同時又會為了迎合別人的評價而委屈自己、改變自己。他們的腦海中往往塞滿了虛擬的觀眾和評論員，盡量讓自己的行為符合社會的期待，他們最常問自己的不是「我想要過怎樣的人生」，而是「如果我這樣做，別人會怎麼想我」。

在羅傑斯看來，這種方式是培養不出心理健全的人的，因為外界給予的有條件的積極關注說到底就是一種強化和懲罰。他認為最佳做法應該是無條件的積極關注，即不管孩子做什麼，都表達對孩子的愛與關注。在無條件的積極關注中，孩子知道自己無論做什麼都會被接受、被愛。

現在流行的親密育兒法、正向教養，其出發點大都是從無條件的積極關注而來。但是，無條件的積極關注也容易被一些人曲解，認為孩子犯錯了不需要接受懲罰，即使做得不好也使勁誇讚，不立規矩，沒有界限，任憑孩子自由發展。

有些人對孩子採用的教育方式是不批評、不比較，使勁誇。孩子在試卷上亂塗亂畫也要強行誇讚他「你真有想像力」、「真是個小天才」。孩子和老師發生了衝突？那就投訴老師！孩子考試考得一團糟？不許公布成績和排名！在這種情境下，孩子看似擁有一個備受關愛和保護的童年，但這種教育方式會得到好的結果嗎？

我認為，這是誤解了無條件的積極關注的含義。無條件的積極關注不是說孩子明明只是亂塗，父母卻非要說他有想像力，否則等到孩子長大後發現自己並沒有想像力，也不是小天才，就是個普通人時，他的心理落差會很大。

無條件的積極關注指的是給予無條件的愛，而不是不分是非的誇讚。即便是批評孩子，家長也要讓孩子明白，這是對事不對人，「我現在雖然否定你某些不好的行為，但是我依舊愛你、接納你」。**這樣孩子就會覺得自己無須在家長面前隱藏「不夠優秀」的自我，**

或是害怕父母「愛的撤回」的自我，進而可以自由地體驗「全部的自我」，自由地把錯誤和弱點都納入自我概念，最終實現自我接納。

在心理諮商中，羅傑斯提出了以人為中心的心理治療法，其核心就是給予個案無條件的積極關注，對個案的言語和行為的積極面、光明面給予有選擇的關注，利用其自身的積極因素促使個案發生變化。

所以，我們身邊有個擅長拍馬屁的朋友很重要！你可以大方地對他們說：「快來表揚我！」

本章重點

1. 低自尊的人：對自己的評價過低，產生了與實際情況嚴重不符的低自尊，總感覺自己不夠好，不配得到的心態非常嚴重，並低估自己的能力，非常容易產生自責、自罪、羞愧和自我審視的心態，因而在生活、工作、人際交往、親密關係中過於卑微。

2. 管理身邊的評價體系：多交往接納你、認可你的朋友，遠離一味貶低你、整天說你不好的人，不要總是把「要讓所有人都喜歡我」當作一個奮鬥目標，這樣容易變成討好型人格。

3. 不要放大正常的失敗：不要將這些「糟糕」放大，不要給自己設置很多「給差評」的假想評論員。

4. 別擔心找不到接納自己的人，但當一個人發現，他接納了自己，給予了自己無條件的積極關注，跳出了各種評價的桎梏，他自我的力量就會變得很強大。

05

心理虐待　避免陷入反思的陷阱

你可以接受「我喜歡的東西，有人或許會不喜歡」的事實，但你沒必要因此否定自己的價值觀，改變自己的喜好，甚至影響自己的心情。

我們常說「兼聽則明，偏信則暗」*，但有些語言暴力就是裹著「給建議」、「為你好」的外衣出現的。曾經有一則社會新聞：一位女生在男友長期的貶低、洗腦和精神虐待之下，最終不堪折磨，自殺身亡。

*「兼聽則明，偏信則暗」引自司馬光《資治通鑑》，唐太宗問魏徵：「人主何為而明，何為而暗？」魏徵說：「兼聽則明，偏信則暗」。意思是說：多方聽取意見才能辨明是非得失，若只聽一方的意見，則容易愚昧不明。

心理虐待的暴力

說起虐待，大家首先想到的可能是身體上的虐待，而忽視了「心理虐待」。在心理學中，**心理虐待是指施虐者使用長期的精神暴力、言語暴力、情緒暴力，透過羞辱、無視、孤立、冷戰、貶低、咒罵、威脅、污蔑、中傷等方式，對受虐者的精神和心靈造成嚴重傷害的一種行為。**

心理虐待可以存在於情侶、親人、朋友、同事與上下級等各種人際關係中。它可以是情侶、家人之間的找碴、冷戰，可以是朋友之間的貶低、羞辱，也可以是職場中的孤立、中傷。

不要小看心理虐待的傷害，它雖然不像拳打腳踢會在身體上留下傷疤，但它一樣可以令一個人的精神世界傷痕累累。對於精神摧殘往往是毀滅性的，會讓人的情緒全面崩潰，讓一個原本身心健康的人厭惡自己、厭棄世界乃至對人生感到絕望。

心理虐待中施虐者並不是一開始就明顯施暴，而往往以值得信任的好人姿態出現。他們披著「為你好」的外衣，等受害者對其產生了好感、信任或是依賴的心理後，再逐步滲透、逐步升級，**透過上述行為來「馴化」受害者，不斷踐踏受虐者的自尊心，摧殘意志，**

讓他們產生一種「我是不是真的做錯了」的感覺。長此以往，受虐者在這樣的「反思」之下，往往會自輕、自賤與低自尊。

自我反思的陷阱

有人擔心地問我：「我發覺我就是一個很容易被別人說服、很會自我反思的人，我真的很害怕遇到一個精神虐待的施虐者。萬一他對我洗腦，我會不知不覺地被他牽著鼻子走。」

首先我們要明確一點，反思不是壞事，善於反思是一種很寶貴的能力。一個人能夠對自己先前的判斷或行為產生懷疑，說明他能夠兼聽則明；對自己以前堅信的觀念動搖，則說明他具有辯證的、動態的思維能力，能夠去思考不同角度的觀點。對一些內心不夠強大、自我同一性不夠穩定的朋友來說，**如果沒有一個堅定的自我認知，過度「善於反思」就很容易將自己帶入溝裡，分辨不出哪些反思會變成好事，哪些反思會讓自己走偏**。

有些人本來具備正確判斷，但是在有害的親密關係中被扭曲的觀點洗腦和影響了，**反而會因為善於「反思」放棄了原來正確的價值觀和判斷力，推翻了原先良好的自我認知，陷入自我懷疑、自我貶損，甚至自我傷害**。

如果不確定周圍的人對你的批評到底是在幫助你反思，還是在對你洗腦，你可以時時想著：進行反思的意義和目的為何？**反思的意義和目的是讓自己變得更好，而不是否定自己的價值**。

有人攻擊你喜歡的東西，你該怎麼辦？你是堅決不被對方影響，和他大吵一架，還是立刻進行「反思」，把曾經喜歡的東西、曾經帶給你的快樂時光、自許的眼光，甚至連自己也一併否定。

你可以接受「我喜歡的東西，有人或許會不喜歡」的事實，但你沒必要因此否定自己的價值觀，改變自己的喜好，甚至影響自己的心情。

接納被否定，但是堅定地讓自己朝更好的方向去努力。你可以動搖，但不必因此說：「我以前錯了！我喜歡過的東西都是垃圾！」你可以這樣想：「我有必要因為別人的否定去改變自己喜歡的人和事嗎？」既然不是，何必困擾？

如果對方提出的觀點不僅僅是「喜歡」、「不喜歡」的問題，而是尖銳對立的觀點，該如何判斷哪些觀點是對的，哪些觀點是錯的呢？針對這種情況，我的建議是，跳出爭論點，想想以下幾個問題：

1. 反思的意義是要讓自己變得更美好還是更糟糕？
2. 反思的目的是獲得快樂還是陷入困擾？
3. 反思並努力後，你感到更幸福了？還是更痛苦了？

4. 反思的結局是走向成功還是走向毀滅？

對錯辯論的觀念綁架

在具體的個人語境中，或者在一段私人關係中，不要深陷「對錯」的辯論陷阱無法自拔。這裡說的是在私人語境的具體個案中，如何不掉進對方設置的思維陷阱，不要被對方的觀念綁架。

因為陷入「對錯」的辯論之後，往往是誰會狡辯誰就佔據控制權，不善辯論的一方只能被牽著鼻子走。只要你不遵從對方歪理邪說的道德，就不會被道德綁架；只要你不領會對方的強盜邏輯精神，就不會被精神控制。

當你開始和他辯論、試圖改變他的認知的時候，就已經掉進陷阱了，最後就變成了看誰更會辯論，輸掉辯論的那一方就會受到精神上的困擾。如果你是能上擂台打比賽的最佳辯手，可以好好地教他做人；但如果你是一個很容易被對方繞進去的人，一旦開始掰扯就容易掉進陷阱。

我建議，你沒必要揪著「我喜歡的東西為什麼有人討厭」這類觀點去和某個三觀不同的人較勁，更要警惕在一段親密關係中被這種不同觀點詆毀和控制。**因為在親密關係中，**

如果一方很善於控制，那麼他很容易切斷伴侶和外界的觀點交流，讓他的觀點成為伴侶唯一的價值觀塑造來源。在這種有害關係中不停地辯論、吵架、糾纏，很容易讓人越陷越深，因此深陷這種關係的人需要意識到這是一種「辯論陷阱」，盡快讓自己回歸理智，客觀清醒地觀照自己的內心和狀態。

你如果還是覺得自己做不到不去和某個人辯論，因為看到自己喜歡的人被別人討厭，就忍不住要反擊，看到和自己觀點相左的人，就想矯正他的觀點，這其實說明你的內心對這個問題是惶恐的。

就像有些男性辯論「女性該不該愛慕虛榮」，質問「有錢了不起啊」，是因為他們內心相信「男人有錢才會有女人愛」這個觀點，並且為自己沒錢而惶恐、憤怒。同理，有部分女性認為不許任何男人有處女情結，否則女人就不會有好日子過，其實她在潛意識中預設了「女人的幸福由男人掌控」這個前提，並為此焦慮。

所以不要只和一個人交流——尤其是親密關係中的人（如父母、伴侶），多和不同的人交流互動，可以讓你看見自己原來看不見的東西，發現自己原來想都沒想過的事情。

本章重點

1. 心理虐待是指施虐者使用長期的精神暴力、言語暴力、情緒暴力，透過羞辱、無視、孤立、冷戰、貶低、咒罵、威脅、污蔑、中傷等方式，對受虐者的精神和心靈造成嚴重傷害的一種行為。
2. 施虐者透過上述行為來「馴化」受害者，不斷踐踏受虐者的自尊心，摧殘意志，讓他們產生一種「我是不是真的做錯了」的感覺。長此以往，受虐者在這樣的「反思」之下，往往會自輕、自賤與低自尊。
3. 反思的意義和目的是讓自己變得更好，而不是否定自己的價值。反思的陷阱，往往在有害的親密關係中被扭曲的觀點洗腦和影響，反而會因為善於「反思」放棄了原來正確的價值觀和判斷力，推翻了原先良好的自我認知，陷入自我懷疑、自我貶損，甚至自我傷害。
4. 在關係中不停地辯論、吵架、糾纏，很容易讓人越陷越深，因此深陷這種關係的人需要意識到這是一種「辯論陷阱」，盡快讓自己回歸理智，客觀清醒地觀照自己的內心和狀態。

06

走出恨意　過快樂人生

加害者當然是往事隨風而去，受害者可以選擇繼續恨他、繼續罵他，只要不違法，不傷害自己，怎麼恨都不為過。恨意是正常的，不必因此感到羞恥，更不用給自己貼上「病態」的標籤。

以下是一位讀者的來信：

我昨晚暴哭。突然意識到，我病了。我和渣男戀愛八年，分手後用了七年療傷，前後十五年。昨天暴哭完，突然迷茫，十五年的人生就這樣蹉跎了。

他當年劈腿，「小三」懷孕，他和我分手四天後就和小三結婚，把我拉黑。這七年，我出過事，他有能力幫我，卻視若無睹。我非常難過，八年情義不如他身邊養的一條狗。

渣男現在開公司、住豪宅，和「小三」生了兩個孩子，一家人其樂融融，而我卻一無所有，又窮又孤單，一個人承受著長久的疼痛。我陪他走過奮鬥的日子，他買了海景豪宅，我一天都沒住過，就讓「小三」坐享其成。有時候特別希望有報應降臨在他頭上，可是眼睜睜地看著他生意越做越大，分公司開了一家又一家。我知道他有一些違法行為，但是也不敢舉報他，一是沒證據，二是怕他報復我。

當年他劈腿，我和他吵架，他打了我五個巴掌。我當時被打昏頭了，沒有還手。如今難過，當時如果打回去，或者找人打他一頓，或許就不會這麼受傷。可惜沒有如果。

我不知道該怎麼消解這種憤怒，我想過去找他打一架，釋放當年沒有釋放的憤怒，可是每次又覺得沒必要，但是心裡的難受卻與日俱增。這七年我活成了他們生活裡的小丑，我不停傳訊息罵他，他封鎖我，我換個帳號繼續罵。他和他老婆都說我是神經病，現在都不回我了，然而這種「冷處理」讓我陷入更大的憤怒。我上癮了，我發現我有病。我周圍的人也都說我太偏執了，說我為什麼就無法放下。

我得了暴食症，看了心理醫生和神經內科也沒有治好；我自殺過，恐懼人群，甚至無法社交；這七年我像偷窺狂一樣去窺探他生活的一舉一動，認識他身邊的每個人，我瘋狂地關注他，希望他倒楣，還去燒香拜佛，希望他進監獄，希望他被仇家報復。我知道我的行為都是病態的，我恨自己沒用，活得像個瘋子一樣，他還是好好地過著他的日子。

我心裡難受，可能是他一直沒給我一個交代。我想徹底治好自己，該如何處理？

看完她的遭遇，我非常理解這種沒有得到消解的憤怒。她並不是對他餘情未了，她只是想要一個解釋，給那段過去收尾。前任男友欠她一個解釋，但他偏偏給不了。她糾纏、痛苦，他倒像「人間清醒」似的，保持著已婚男士和前女友應有的距離，這種「理智」和「冷靜」反襯得她像個跳梁小丑。但是轉念想想，這本來就是他犯的錯啊！

如果她能透過合法的、保證自己安全的方式去報復他，可能會緩解她的痛苦，也真的有人成功，但不是所有人都有能力去實施完美的報復計劃。如果沒有能力打敗對方，那要怎麼辦呢？活在恨意中的人，就只能把自己毀掉嗎？

接納自己的恨意

不必說服自己去原諒傷害自己的人，因為他們不值得原諒。很多人往往會混淆「原諒他」和「放過自己」這兩件事，所以很多受害者的內心是無法原諒加害者，但做出來的行為卻是不放過自己。很多局外人也會混淆這兩個概念，他們說她偏執、瘋狂，也許原意是想叫她放過自己，但是聽著都像是要她接受「過去的事情就讓它過去吧」。

加害者當然是往事隨風而去，受害者可以選擇繼續恨他、繼續罵他，只要不違法，不傷害自己，怎麼恨都不為過。

恨意是正常的，不必因此感到羞恥，更不用給自己貼上「病態」的標籤。

接受自己的無可奈何

她最痛苦的點是「不公平」。但人生很多時候就是這麼不公平，在這些不公平面前，我們非常無力。從這位讀者的敘述，加害者膽大妄為、沒有底線，甚至有違法行為。他劈腿、玩弄感情，但是兒女滿堂。而她呢？膽子小，不夠狠心，也做不到像他一樣無底線。所以在他們的鬥爭中，她自始至終都處於下風。

有時候惡人就是活得好好的，我們沒辦法讓他們遭到報應，但也不必埋怨自己「沒用」，不必自責。恨他就好了，不要恨自己。有時候惡人太強大，難以對抗也是人之常情。

如果他有罪，那麼懲罰他的應該是法律和更強大的力量，而不是由弱小的你來替天行道。他們本來就不是同路人，只不過命運讓他們偶然交會，現在的分開才是回歸正軌。說得更直白一些，他就是在貧賤時遇到可以陪他奮鬥的女孩，等飛黃騰達了，就換一個能滿足他虛榮心的妻子來「裝門面」。**她以為是命運的不公，其實這不是命運的安排，而是對方充滿惡意的人生計劃的一部分**。

放過自己

正義並不是總能打敗邪惡，但是用毀掉自己的方式去和命運鬥爭，是不可取的。我說過受害者可以恨加害者，但是恨他和愛自己並不矛盾。

她可以一邊恨他，一邊讓自己的生活好起來；可以向他討一個說法，但是要說法的同時不能耽誤自己人生的進程。我知道這不容易，但是要一步一步來，只要現在的自己比過去好，未來的自己比現在好就行了。

很多人的生活失控，有一個很重要的原因就是目標訂得太高，譬如希望加害者遭到報應。但其實不必以「笑著看他哭」為目標，太高的目標，反而容易讓人因為太難實現、一直得不到正面回饋而使人崩潰，導致人生失控。**倒不如確定一個比較容易實現的小目標，這樣才能得到「即時的正向回饋」，鼓勵自己一步比一步走得更好**。

譬如，可以試著積極起來，改善自己的生活境況，交好朋友，認識適合自己的同道中人，找適合自己的工作，做有意義的事。哪怕只是把家裡整理乾淨，把自己養得健健康康，認真感受周圍生活的美，也是一種進步。**如果你發現自己被困在恨意中無法前行，其實需要跳出來，好好規劃生活，包括事業和人際關係。**

當「報復」的執念很深時，往往是在一個人境遇很糟糕、很低潮的時候；等把自己的生活過好了，就會發現人生中值得付出的事情很多，重要的事情很多，而報復對方這件事，也許沒有自己想像的那麼重要。

本章重點

1. 接納自己的恨意：恨意是正常的，不必因此感到羞恥，更不用給自己貼上「病態」的標籤。
2. 接受自己的無可奈何：我們沒有辦法讓他們遭到報應，但也不必埋怨自己「沒用」，不必自責。恨他就好了，不要恨自己。有時候惡人太強大，難以對抗也是人之常情。

3. 放過自己：確定一個比較容易實現的小目標，這樣才能得到「即時的正向回饋」，鼓勵自己一步比一步走得更好。如果你發現自己被困在恨意中無法前行，其實需要跳出來，好好規劃生活，包括事業和人際關係。

07

真正接納自我　正念練習

透過正念練習，我的注意力就會集中在呼吸上，放下那些亂七八糟的想法。清空了這些雜念，覺察到身體的疲憊，自然而然就進入放鬆睡眠狀態。

關於焦慮、憂鬱的話題，我提到過正念、冥想，於是很多人問我，說自己在冥想的時候不得要領。由於我是個心態平和、情緒長年穩定的人，並沒有那種「心態從壞到好」的經驗可以分享，但是鹿老師，她是祖傳老失眠、資深老焦慮、重度老拖延。以下是鹿老師的現身說法。

災難化的自動思維

瞭解我的人都知道，我是一個非常焦慮的人。用張昕老師的話來說，我總是具有一種「不合理的災難化的自動思維」。

我會在午夜夢迴時，突然「驚起」，開始擔憂自己將何去何從。

我會在入睡前想到孩子長大後可能要面對的種種難題，愁到睡不著覺。

我會在出差的前幾天開始充滿恐懼地想像各種意外、災難。

我會在被讀者認出來時，突然社交恐懼，無地自容，覺得自己不配被他們喜歡。

我會在臨睡前，突然想起幾年前的糗事，然後尷尬地用腳趾摳床板。

我常常會有一堆計劃，然後因為沒有按預期完成而焦慮。

更要命的是，我越焦慮，還越拖延。早就和張老師約定好一起寫書，結果拖了幾個月只停在標題為「寫書」的空白檔案，然後又因為拖延陷入無盡的悔恨，進而更加焦慮、更加拖延。

張老師說，你的問題要解決其實很簡單：第一，不要去想那些與當下無關的、當下沒發生的事（說到底，焦慮就是在懊惱過去，擔心未來！），只活在當下，活好當下。第二，做到全然的自我接納，不僅是接納自我，也接納「我」的一切狀態，否則你就會整天胡思亂想。

我說，道理我也懂，然而並沒有什麼用。我就是做不到關注當下和自我接納。

於是他開始帶我去參加一些正念課程，陪著我一起練習冥想。一開始我的體驗還不錯，但後來我發現這種課程對懶人太不友好——每次只要想到我還要洗頭梳妝，穿戴整齊地通勤那麼久去上課，就更加焦慮了。

後來我又開始在網上尋找一些有助於放鬆的影片（譬如看吃播、聽白噪聲、輕聲耳語等）。說實話，一開始放鬆的效果很不錯，經常看著看著就睡著了。但是後來我逐漸免疫了，經常在網上搜尋一晚上也找不到讓自己滿意的影音。

於是，我又嘗試透過正念減壓療法的線上自助心理干預來幫助改善我的焦慮、失眠、憂鬱等狀況，這一類的ＡＰＰ或者線上課程很多，大家可以選擇一款適合自己的來嘗試。

一、正念練習

我一般選擇臨睡前完成冥想的訓練。第一次練習的時候我選擇下午，可能是太累了，結果跟著指導語放鬆就睡著了，反而影響晚上的睡眠。發現自己搞錯方向，我一直以為冥想是催眠的放鬆，但其實它是清醒的放鬆，反而更適合在清醒的狀態下完成。這也是很多人對冥想的常見誤解。可能很多人和我一樣，睡不著通常都是在想亂七八糟的事，**透過正念練習，我的注意力就會集中在呼吸上，放下那些亂七八糟的想法。清空了這些雜念，覺察到身體的疲憊，自然而然就進入放鬆睡眠狀態**。

即使是臨睡前的訓練，也不要抱著太強的目的性。不要想著臨睡前冥想就是為了睡著，沒睡著又開始著急。這樣就適得其反了。冥想完畢如果還是睡不著，那就不要睡，無須介意。

二、情緒書寫

情緒書寫的部分，讓我感到心定和踏實。有些正念課程除了放鬆訓練，還會讓我們每天書寫，記錄當天發生的事，並且覺察當時的情緒，最後給一天的情緒做個小結。

時間：早上八點。

事件：喝一杯檸檬水，吃早點，澆花，掃地。

冥想情緒：滿足，平靜

一開始我其實不得要領，總想刻意地寫一點正能量的東西。後來我發現，刻意的正能量是自欺欺人。寫給自己看，又不是寫給別人看，難道還要壓抑真實的情緒嗎？但是書寫負面的情緒又讓我很煩躁，因為我不想把苦惱的事情一遍遍在心中、在紙上強化。

連續進行了幾天正念練習和情緒書寫之後，我突然頓悟了，正念訓練一直強調的書寫要義就是對自己誠實。**這種書寫的重點和冥想一樣，在於「只覺察，不評價」**。**可能因為過往的文字工作，我一提筆就開始認真。但正念書寫不需要文采，不需要意義，什麼都不需要，只需要「覺察某個當下」**。

於是我開始專注於當下的雨聲，專注於當下的花香……不僅如此，我還開始整理生活中做過的和要做的小事：昨天整理了衣櫃，今天吃完了藥瓶中的最後一顆維生素C，明天準備寫完一篇很重要的稿件……當我把一件件小事整理出來時，**我突然覺得細碎的小事、煩躁的情緒也得到了整理，這讓我感到踏實**。

我發現自己可以**做到心定而專注**。某天早上刷牙的時候　我發現自己在認真地感受牙膏的薄荷香氣。那種帶點刺激的薄荷味在口腔中爆發，穿過鼻腔，直衝腦門，不僅安慰了我的味蕾，也撫慰了我的神經。

回想從前，我好像從來不能只專注於一件小事。我以前刷牙的時候，從來沒有去感受過牙膏的味道。我可能會在刷牙的時候想著孩子籃球課要辦理退課，走在路上的時候又想著哪篇稿子要截稿，但現在我會告訴自己放空，走一段路就好好地走這段路，覺察一路的鳥語花香、食物香氣、鼎沸人聲……其他什麼都不想。

三、比「堅持」更重要的是「啟動」

正念練習要注意一個概念：不必強調「堅持」和「嚴格遵守」。今天有事耽擱了，沒做，不要緊；訓練過程中胡思亂想了，沒能放鬆下來，也不用自責。我的心得就是「走神了也沒關係，不必急著評價自己」。

這種心態看似很不作為，但其實有它的道理。因為對我這樣既焦慮又拖延的人來說，完成一個週期的正念練習最難的不僅是「堅持」，更是「啟動」。

平時腦袋裡各種煩惱事，如果把練習再當作新增任務，反而會更焦慮、更拖延。這一招我在其他事情上也經常用——對於堅持不下去的跑步，我就告訴自己「乾脆我跑完今天，明天就不跑了」，結果竟一天天堅持下來了；對於無法啟動的文章，不要總想著「我今天無論如何都要寫一章內容」，反而是每天不經意地寫一點，哪怕只寫一頁、寫兩行，都比設定一個宏大目標而遲遲不開始要好。**不要設限、設目標，不帶著壓力反而能自然而然地開始。**

四、「頓悟」是要靠練習的

焦慮患者大多數的煩惱都來自「想得太多」，**如果能做到只專注當下，大腦就會放鬆很**

多。**當大腦放鬆下來，我就慢慢理解了張老師所說的「接納不僅是接納自我，還包括接納自我當下的狀態」**。

接納自我是個長期的過程，我花了好幾年學會欣賞自己一切的好與不好。接納自我的當下狀態可能不太好理解。我以前認為「接納」等於「自欺欺人」，是「放棄治療」。**但後來我發現「接納」帶來的改變不是「放棄」，而是讓事情變得「安然有序」**。

譬如我睡眠不太好，有時候是到半夜兩點還睡不著，而有時候入睡倒很好，十點半就睡著了，可是睡到兩點多就醒了，然後再也睡不著。以前遇到這種情況，我會強迫自己入睡，卻又辦不到。越焦慮越睡不著，甚至可能會整夜失眠，想想自己一晚上躺在床上，既沒有休息，又沒有完成任何工作，越想越沮喪。

現在我遇到這種情況，乾脆不睡了，在家中開啟了一段「夜間旅行」——打掃屋子，把髒衣服丟進洗衣機，打開電腦開始寫稿（夜間還真是文思泉湧），寫完稿正好晾衣服，然後發現只花了兩三個小時，距離天亮還早，乾脆敷上面膜再泡個熱水澡，最後塗好指甲油，等它晾乾的空隙一邊看書，一邊等家人起床。

早上七點，張老師起床，我告訴他這一夜所做的事情：「突然感覺我的人生好像多出五個小時，有種佔了大便宜的愉悅感。」他說：「這就是我一直跟你說的全然接納當下的狀態啊！睡不著乾脆就不睡，起來想幹什麼就幹什麼。」不確定這個突如其來的接納和正念訓練有沒有直接關係，但這確實是我學會放鬆後的頓悟。

後來，我瞭解到正念減壓療法創始人喬．卡巴金（Jon Kabat-Zinn）**關於正念練習的基本態度才意識到，「接納」的頓悟前提是一次又一次的練習。練習的前提是你意識到需要擺脫慣性**。

如果你也和曾經焦慮的我一樣，認為「每天要做的工作那麼多，有那麼多煩惱需要盡快解決，怎麼可能有心情安排半小時的放鬆」，那麼，這本身就是一種需要調整的狀態了。

除了進行正念練習，**在生活中我也會借助一些小事來幫助自己「關注當下」**。晚上睡覺前，我會把一天穿過的髒衣服丟進洗衣機，把碗放進洗碗機……早晨起來，我會打開所有門窗透氣，修剪花草，掃地清潔。這些看起來很瑣碎的日常工作其實也是一種專注與放鬆的訓練。特別是像澆花、修剪枝葉這樣的事，或是有些人喜歡透過誦經、抄詩、練書法、捻佛珠等方式來修身養性，這類事務不需要過度用腦，不會讓你的精神情緒耗竭，但又需要專注，能夠將注意力從各種煩惱中收回來，集中在當下的工作上。

本章重點

1. 正念練習：透過正念練習，我的注意力就會集中在呼吸上，放下那些亂七八糟的想法。清空了這些雜念，覺察到身體的疲憊，自然而然就進入放鬆睡眠狀態。
2. 情緒書寫：正念書寫不需要文采，不需要意義，什麼都不需要，只需要「覺察某個當下」，透過小事的書寫，做到心定而專注。
3. 比「堅持」更重要的是「啟動」：不要設限、設目標，不帶著壓力反而能自然而然地開始。
4. 「頓悟」是要靠練習的：「接納」的頓悟前提是一次又一次的練習。練習的前提是你意識到需要擺脫慣性。接納不僅是接納自我，還包括接納自我當下的狀態。

08

自我情緒調解的策略

人生不會總處於低谷，命運不會一直跟你作對，大環境的負面影響不會只和你一個人過不去。

經常有讀者私訊我，訴說生活、學業、工作的辛苦，我常常安慰他們會好起來的。他們說，你事業有成、家庭美滿，哪裡能體會到我們的艱難。

其實現在笑著講出來的，當時都是哭著經歷過的。我想起自己博士快畢業時。我很早就對自己有比較清晰的職業規劃，只是沒有想到在畢業前碰上嚴重的全球金融危機。當時報紙雜誌用的形容詞是「百年一遇」。更沒想到的是，我這個小老百姓會受到金融危機的嚴重波及。

我有大半年的時間都找不到工作，因為我的專業，全世界可能就只有兩三個職位招聘。

如果這兩三個職位今年都不開缺，那我就別想找工作了；如果這兩三個職位十年不開缺呢？那時我都不敢往下想。再加上當時我的實驗一直得不到好的數據，論文遇到瓶頸，我每天都害怕別人問我「博士什麼時候畢業」、「工作找得如何」。

而在我找不到工作、寫不出論文、每天無所事事的時候，我的妻子鹿老師卻正處於工作最難、最苦、最累的時候。她經常向我訴苦──收入太少、房租太貴、職場騷擾、業績壓力、性別歧視、身心疲憊、晉升空間狹小、前途渺茫等，她問我該怎麼辦？

我能怎麼辦？我只是一個找不到工作、擔憂畢業的窮學生，一點辦法都沒有。我只能眼睜睜看著她扛下經濟重擔，無奈地看著自己的妻子被別人欺負，自己卻只能繼續在家投履歷。那時我已經二十八歲了，我的大學同學已經就業升官加薪、小有成就，同輩壓力更是加重了我的挫敗感。

有一次，鹿老師加班到凌晨四點才回家，她對我說：「我不睡了，六點就要出發去機場，現在還得收拾行李，我怕睡過頭起不來。」我對她說：「你睡吧，我來收拾行李，六點我喊你起來，我不睡了。」在送她去機場回來的路上，我胃潰瘍犯了，不知道是不是因為又疼又累又睏，昏了頭，把八達通卡（香港交通聯名卡）弄丟了。在我們囊中已然很羞澀的情況下，還雪上加霜。

壓垮駱駝的只是一根稻草嗎？我想是前路的迷茫，是世態的炎涼，是背不動也得背的責任，是屈辱，是窩囊，是活得沒有尊嚴、沒有希望。這段經歷我從未對人說過，說出來並不是要比慘，而是因為我放下了，同時也想安慰很多正處於迷茫中的你：一定都會好起來的。別害怕，別絕望，再等一等，轉機也許就出現了。

在水壩決堤之前提前洩洪

如果我們把壓力看作水流，那自身的防禦機制就如同水壩。如果你總是一味地攔壩蓄水（壓力），不知道如何正確地疏導，那麼水總是在不斷地蓄積，當水達到一定程度的時候就有可能沖毀水壩（情緒崩潰），引起決堤（引發心理障礙）。

因此，為了保持堤壩安全（心理健康），就要學會主動提前洩洪（發洩）。譬如大哭一場，沒有什麼不好意思的。雖說男兒有淚不輕彈，但把壓力都哭出來是有利於情緒健康。如到KTV唱歌大吼一頓，去跑步健身，去找個拳擊靶子痛打一通。再不然找個信得過的人或者樹洞傾訴，來自他人的社會支持也非常重要。

如果感覺到自己有憂鬱傾向，一定要向專業心理諮商師和心理醫生求助，他們會用專業有效的方法來幫助你。不要自己默默承受一切，一定要學會在情緒之弦繃斷前卸力！

將眼前的困境放到更長的時間維度裡

鹿老師當時對我說了一句話，給我很大的安慰：「雖然你眼下找不到工作，但是我相信二十年後你一定會是這個學術領域裡的佼佼者。」

類似的話也可以送給迷茫中的你。**雖然眼下會有種種困難，但是在哭完了、吼完了之後，靜下心來把問題梳理一遍，再一樣一樣去解決，如此都會好起來的。人生不會總處於低谷，命運不會一直跟你作對，大環境的負面影響不會只和你一個人過不去。**

暫時無法高歌猛進的時候，不如低頭蟄伏，任憑命運毒打，在挨打過程中反思、總結，問題該怎麼解決，摸清門道，掌握規律，等霉運過去了再抬頭也不遲。

識別出自己的「反芻」狀態

一個人面對巨大壓力和消極的生活事件時，總會不停地自問或問別人：「為什麼會這樣？」伴隨而來的是一種不良的思維方式——反芻。**「反芻」是個很形象的比喻，指把壞情緒、壞事件反覆翻出來嚼嚼，但是又沒有真的消化。**

心理學家蘇珊・諾倫霍克塞瑪（Susan Nolen-Hoeksema）是這麼定義反芻的：**一個人在不知不覺的情況下，一直循環思考自己的負面情緒，把目光聚焦在壞事發生的原因和導致的後果中，而不能積極地去面對和解決問題。**這樣就可能造成惡性循環，越反芻越無法集中注意力去應對和處理壓力，也越不可能成功解決問題。情緒會因此更加消極，長此以往，便導致崩潰。

所以，**身處壓力之中的時候，更要警覺和識別出自己的反芻狀態。一旦發現自己糾結在負面事件和情緒中無法自拔，要告訴自己就此打住，不要再鑽牛角尖。**

情緒低落的時候更要笑

我們常說態度決定行為，但是心理學的研究證明，有時行為也可能影響態度。有時不一定開心才會笑，但笑了肯定會令人覺得開心。

當你傷心、低落、失望的時候，故意讓自己做笑臉。可以微笑，也可以哈哈大笑，這樣做大腦會釋放信號，讓你覺得自己的心情變好了。

同理，在難受的時候，看一些喜劇、搞笑綜藝等紓壓的節目也有利於情緒紓解。譬如當我哭過之後，冷靜下來意識到自己陷入了反芻狀態時，就會想辦法走出負面情緒。有一段時間，我特別愛看日本的整人綜藝節目，當我看著節目嘿嘿傻笑的時候，真的很紓壓。

本章重點

1. 在水壩決堤之前提前洩洪：為了保持堤壩安全（心理健康），就要學會主動提前洩洪（發洩）。
2. 將眼前的困境放到更長的時間維度裡：雖然眼下會有種種困難，但是在哭完了、吼完了之後，靜下心來把問題梳理一遍，再一樣一樣去解決，如此都會好起來的。
3. 識別出自己的「反芻」狀態：身處壓力之中的時候，更要警覺和識別出自己的反芻狀態。一旦發現自己糾結在負面事件和情緒中無法自拔，要告訴自己就此打住，不要再鑽牛角尖。
4. 情緒低落時更要笑：當你傷心、低落、失望的時候，故意讓自己做笑臉。可以微笑，也可以哈哈大笑，大腦會釋放信號，讓你覺得自己的心情變好了。

09

逆境求生　可以躺平不能擺爛

擺爛和躺平的區別如下：

擺爛，是一邊焦慮內耗，一邊無所事事；

而躺平是一邊保持平和的心態，一邊按部就班地完成該做的工作。

中年人的困境是「上有老，下有小」深切的現實難關，而青年人面臨的困境則是縹緲但沉重的，他們可能正在經歷求學或求職，正處於「身分轉換」和「找尋身分」的人生重要關口。

我很能理解青年人此刻的困境，因為我當初也經歷過，在身分轉換的人生關口，遇上了艱難的外部環境。我在博士臨近畢業找工作之際，遇到了百年難遇的經濟危機。當時的我並沒有「上帝視角」，不知道自己的待業狀態會持續多久，心情是絕望的。我也能理解中年人此刻的困境，因為我正在經歷著。

不管是十幾年前還是當下，支撐我渡過難關的都是「躺平但努力」的心態，也就是我曾提到的「仰泳狀態」。有人說：「躺著怎麼努力，我仰泳的時候一放鬆就沉下去了。」當然，如果你不會游泳，就算理智上知道掙扎只會讓肌肉緊繃，下沉更快，求生的前提，你得會游泳，會游泳才能不緊張，肌肉才能放鬆，肌肉放鬆才能漂浮，漂浮才能蓄力，才有力量在靠近岸邊的時候成功自救。

這說明我們還是要先停止胡思亂想，好好練習基本功。那怎麼才能做到呢？

擺脫自我設限的心態

有人誤解我的意思，認為停止掙扎就是放棄求生，是擺爛。我所指的躺平是不自我消耗，它不等於擺爛。

擺爛指的是一個人認為事情已經無法良性發展，乾脆不再採取任何措施加以控制，任由其往壞的方向發展。**而躺平不是鼓勵你默默忍受，更不是放棄求生任由事態失控，而是建議你蟄伏蓄力。**

停止胡亂掙扎，說的是擺脫精神內耗的狀態。因為精神內耗會大量消耗認知資源和心理能量，使人處於精神極度疲憊的狀態：心理上焦慮不已，行動上停滯不前。**精神內耗指的是由於過度擔憂結果不好，內心處於糾結狀態，極度拉扯，從而導致行動上遲疑不決，無法邁出前進的步伐。**

擺爛看似不內耗，實則正是精神內耗的結局，其實就是自我設限。因為預料到了可能會有不好的結果，所以乾脆放棄努力，這是一種不正確的預先保護策略。相反，不內耗是以節省認知資源為目標，對未來保持良好心態，不是以某個具體結果（如考校、升遷、賺錢）為目標。

芭芭拉．佛列德里克森（Barbara L. Fredrickson）**提出的積極情緒的拓展建構理論就指出：良好的心態可以短期內拓展個人的注意範圍，長時間建構個人資源**（**就是一個人解決問題的所有能力，包括自身的認知功能，也包括環境中的他人支持等**），**從而促進個人的成長並提升幸福感。資源節約後並不意味著可以隨意浪費，越是珍貴的東西越要充分利用其價值。因此建議將不內耗節省下的認知資源，投入到重要的活動中。**

新冠肺炎疫情期間，我和鹿老師的工作都受到了很大的影響，我對她說：「你不是一直想要寫小說嗎？正好趁著現在時間多，開始動筆寫吧。」她回答：「可是我怕我寫的小說沒市場，一想到寫出來的東西可能沒人看，也賺不到錢，我就不想寫了。」這就是典型的過分執著於成績目標而進行的自我設限。我建議她，在寫書之前就不要想著出名賺錢的事情，每天寫一小節，說不定小說早就寫出來了。

再譬如有人立志要減肥，並設立了減重十公斤的目標。為此，他在起初的幾天鍛鍊一個半小時，運動幾天後量體重卻發現還重了一公斤！於是他大受打擊，乾脆放棄鍛鍊，躺著看電視、喝可樂、吃洋芋片。這種時候，不如量力而行地做點運動，哪怕只鍛鍊半小時，但是只要每天堅持，不去數日子，不天天量體重、量腰圍，時間長了，你一定會發現自己出現了各種向好的變化。

擺爛和躺平的區別如下：擺爛，是一邊焦慮內耗，一邊無所事事；而躺平是一邊保持平和的心態，一邊按部就班地完成該做的工作。

改變成就動機

在逆境中想要避免落入自我設限的陷阱，就要學會轉變成就動機。一個人的成就動機可以分為成績目標和掌握自我目標。前者以取得成績為目標（如攻讀學位、賺大錢），後者以提升自我、掌握知識為目標（如學習專業知識、鑽研某項技術）。

在順境下，無論是成績目標者還是掌握自我目標者，他們獲得成功的機會都會高於平常人，所謂有志者事竟成。但在逆境中就不同了，原訂的計劃往往無法按照個人規劃的步驟去實施，結果不遂人願。這種時候，獲得成績為目標的人一旦失敗，就會陷入巨大的挫折陷阱，從而喪失成就動機。而以掌握自我為目標的人，失敗帶來的打擊相對較小，因為他們可以從過程中得到收穫。這就是為什麼在逆境中要轉變成就動機。

如果一個人一味追求結果，並且預期結果難以實現，他很有可能陷入茫然的焦慮而喪失行動力。**不執著於結果的人，能夠從更長的時間維度去考量當下的問題，最終會發現不斷地自我提升，終究會發揮更大的作用**。

我在博士畢業那年，發現「找到大學教職」這個目標並不是努力就可以實現的時候，便調整了成就動機，目標不再是「當教授」，而是轉向「好好做學問」。我不再設想將來是好是壞，停止精神內耗，只專注於當下的事情：用心讀文獻、用心做實驗、用心寫論文。不要因為胡思亂想而耽誤了該做的學術工作。後來，當全球僅有的幾個職位開放招聘時，我也因為學術表現良好，順利應聘。

所以我們處在逆境的時候，不妨試試將成就動機從「取得成績」轉變為「自我提升」。該寫書的寫書，該畫畫的畫畫，該鍛鍊身體的就好好鍛鍊，該考的證照努力考取，練就一身基本功，等到逆境結束時驚艷所有人。

在新冠肺炎疫情的那幾年，我採取了同樣的方法，成就動機再次轉向「好好做學問」。**不去設想將來，暫時躺平；踏實做好眼下的工作，繼續努力**。

做一些需要專注卻不耗費心神的事情

有些同學反映，自己的焦慮已經到了十分嚴重的程度，甚至無法上課。繼續好好工作、學習，對他們來說難度和壓力有點大。

這種情境下，可以從一些需要專注卻不耗費心神的事情開始，嘗試改變，譬如澆花、打掃、閱讀等。需要專注，意味著收回思緒，停止胡思亂想；不耗費心神，則避免了佔用太多認知資源而加劇焦慮。

在焦慮狀態下，就不要想著「我今天要寫完三篇論文」、「看完兩百頁的書」、「減重十公斤」等難以實現的目標，這樣反而容易使人陷入自我設限的停滯狀態。但也千萬不要走向另一個極端——索性沒日沒夜地玩遊戲、滑手機，這樣又會因為毫無意義和沒有收穫陷入更深層次的焦慮。

另外，還有一個比較重要的，就是每天一早就把要做的事情羅列出來：一、澆花；二、跟著劉畊宏跳二十分鐘鍵身操；三、敷面膜；四、打掃家裡，整理收納；五、煲湯；六洗碗……每完成一項任務就打一個勾，這樣做很關鍵！因為在任務清單打勾的過程，看著一件件的小事完成後，你會有成就感和收穫感，焦慮就減輕了一點，這有助於你的心態平和，從而更好地投入下一步的提升。譬如在這個基礎上每天再學習一小時專業知識，或者每天寫幾頁書稿。如果狀態好，再加大任務量；如果覺得壓力大，就退回一些，循序漸進。

不要對某個具體事情賦予過強的意義

人生要有目標，並且要對目標賦予意義，這是人之常情。但是這個目標切不可太過具體。太過具體，就會鑽牛角尖，容易走火入魔。

如果你的目標是挑戰自我，這沒問題，因為挑戰自我有太多事情可做了，可以去學外語、攀岩、練腹肌等。但如果你的挑戰目標就只有登頂珠穆朗瑪峰這個唯一選項，沒有登頂就覺得這輩子毫無意義，這就有問題。首先，珠穆朗瑪峰極有可能登不上去，這會令人崩潰；其次，假如成功登頂了，你的人生目標就沒有了，這容易陷入虛無。

所以我建議，**不要把意義過多地放在一件具象的事情上。如果你認為「我這麼多年的努力，就是為了某某目標，我的人生就指望它了」，很顯然，你把這件具體的事情當成了救命稻草。然而我們都知道，稻草是抓不住的。**

保持規律的健康生活

我是從瘦子慢慢長胖的，有很深的體會：人胖起來以後，「仰泳」真的無師自通。這提示我們要為自己的身體儲存能量，關注自己的身體（如規律飲食、規律作息、規律運動），其實健康的身體也可以提升人的認知能力，幫助我們實現目標。

如果你感到焦慮，又不想從事工作、學習等有壓力的事情，那去睡一覺，或者做體力所能及的運動。高三時準備考試，我感覺壓力很大的時候就選擇去睡覺，睡醒了又是一條好漢。這樣哪怕你再不作為，起碼到最後還能保有健康的身體。只要活得夠長，就一定能迎來轉機。

本章重點

1. 「躺平但努力」的心態：說明我們還是要先停止胡思亂想，好好地練習基本功。躺平不是鼓勵你默默忍受，更不是放棄求生，任由事態失控，而是建議你蟄伏蓄力。
2. 擺爛和躺平的區別如下：擺爛，是一邊焦慮內耗，一邊無所事事；而躺平是一邊保持平和的心態，一邊按部就班地完成該做的工作。
3. 改變成就動機：不執著於結果的人，能夠從更長的時間維度去考量當下的問題，最終會發現不斷地自我提升，終究會發揮更大的作用。
4. 做一些需要專注卻不耗費心神的事情，看著一件件的小事完成後，你會有成就感和收穫感，減輕焦慮，有助於你的心態平和，從而更好地投入下一步的提升。
5. 不要對某個具體事情賦予過強的意義，把這件具體的事情當成了救命稻草。然而我們都知道，稻草是抓不住的。
6. 保持規律的健康生活：為自己的身體儲存能量，健康的身體也可以提升人的認知能力，幫助我們實現目標。

10 不處理 接納它

順流而下，隨勢漂流，保存實力，才能在順境到來的時候厚積薄發。

我經常對別人說，學心理學的人，在「怎麼辦」面前，有時候能做的真的很少。我們最大的目標就是希望讀者看到內容時能有片刻的治癒。**物質生活再難，人總能不斷向下包容，努力地活著，可是心態如果崩了，人就很容易把自己趕進死胡同。**

有一次，一位讀者問我：「老師，為什麼您能一直保持情緒的平穩，而我的情緒就像個孩子一樣不受控制？您會有壓力嗎，或者說您保持淡定的秘訣是什麼？」

聽到這樣的疑問，我突然覺得，我們其實不必避談「不快樂」。我對他說：「情緒不是一個熊孩子，它是我們的夥伴，有好的時候也有壞的時候，但它一直陪伴著我們。」

我怎麼可能沒有壓力呢？

我曾經連續做同一個夢：夢到我身處一座沙子山的谷底，頭頂是中午最毒的太陽，我拚盡全力往上攀爬，每踩一步，腳下的沙子就往下塌陷一塊，好不容易爬到半山腰，整個人又隨著沙子掉落下去，可是不往上爬，我可能就會被困在谷底。

鹿老師經常夢到在月台等地鐵，地鐵來了，廣播裡提醒「請小心月台縫隙」，然後她就看到縫隙越變越大，她跨大步想要邁過去，結果「咔」的一聲劈開了，進退兩難。

這些夢都反映了我們在現實生活中正在承受的壓力，怎麼處理這些壓力或控制自己的負面情緒呢？**我的做法是：不處理，接納它**。

焦慮有時候是一種蓄力，是展開攻擊的前置階段，是拉弓的手臂。積累了足夠的壓力，等到目標出現的時候，再鬆開弦，往往能一擊即中。當你焦慮了很久卻又無所事事的時候，不必驚慌，一旦你抓住了某個機會，一定會充滿幹勁。

一方面，我們可以接納自己的焦慮。遇到壓力產生焦慮，是人生的常態，是有益的技能，沒有必要否定它、迴避它；另一方面，千萬不要在機會出現前就用力過猛，繃斷了弦。

知名相聲演員岳雲鵬在相聲表演時說：「雖然我掙得不多，住得也不好，但是我很快樂。為什麼呢？因為我沒有辦法。」當初我們聽到這裡笑得前仰後合，現在才明白，這番話裡藏著大智慧！

這並不是在任憑命運擺布。面對自己可以控制的局面，我一直都不留遺憾地拚盡全力。但面對我沒有辦法左右的事情，實在不必佔用太多大腦細胞去糾結。因為擔憂也無法帶來向好的改變，倒不如節省認知資源，等待轉機出現。

在壓力最大的時候，在我們覺得怎麼努力也無法改變困境或實現目標的時候，岳父在電話中安慰我們：「年輕的時候我總覺得，人生如逆水行舟，不進則退。花了大半輩子的時間，我才弄懂一個道理——人要順勢而為。當你處於逆境的時候，硬要逆流而上，可能會事倍功半，還耗盡了自己的心力，倒不如**順流而下，隨勢漂流，保存實力，才能在順境到來的時候厚積薄發。**」

我們焦慮的根源為何？在於「順流而下」的結果是無法預知且是否能欣然接受。我們無法知道如果任由自己一直向下漂流，將會墮落到什麼樣的地步。但逆流而上，帶來的卻是精神上的內耗。

大腦是人體最耗能的器官，即使身體處於靜息狀態，大腦消耗的能量仍佔據整個身體的百分之二十至二十五（而大腦重量卻僅佔體重的百分之二）。一旦大腦飛速運轉起來，能耗量還將急遽上升。簡單來說，**讓身體長時間處於亢奮狀態是一件非常耗能的事。而長期精神內耗的結果就是，在轉機到來之前人已經耗竭了。**

所以我經常說，**我們最好是躺平著努力，就像仰泳一樣，不做無謂掙扎，但也不要放**

棄求生。一邊放鬆，一邊努力；一邊保存體力，一邊等待機會。

就像是夢裡爬沙子山的我，如果把正在面臨的困境想像成夢裡的「烈日」，那我就是帶著對烈日的恐懼做著徒勞無功的爬山者，即使把自己累得精疲力竭，也無法前進半步。

「可是不往上爬，會被曬死啊！」夢中的我曾這樣想。但是我現在突然領悟到，往上爬也有可能被曬死，倒不如找個陰涼處躺下，保存一點體力，等待一場雨的到來，只要撐過了這一陣就好了。如果一直跟自己內耗，體能和心力消耗得更快，可能在雨水到來前我就先體力不支了。

可能有人要問：「如果雨水一直沒來怎麼辦？」那麼至少在離開這個世界的時候，保持了一個相對安詳的狀態。

雖然很難，但我仍然可以很快樂，因為我沒有辦法。

上帝的視角　走出牛角尖

很多時候，讀者向我提問或者看我們的文字，是尋求一個解決方案。但心理治療的第一要義就是不提供具體方法和具體建議。我不能告訴你該怎麼做，因為具體怎樣做才有效是因人而異的，**我們能提供的是一種思維方式**。

有人問我：「我媽總喜歡貶低我，我唱歌她說難聽，我買衣服她說難看，我做菜她說難吃。每次她這樣講，我都無比憤怒，然後吵得不可開交。我該怎樣和我媽相處？」我說：「你媽有沒有可能是在用一種兒童式的自我中心認知方式和你溝通呢？她認為別人的喜好都該跟她一樣，和她不一樣的就是錯的，而你又採用了他評式自我認知路徑，以他人的評價來定義自己的價值，並為此苦惱和憤怒。」

我這一番理論分析，有的人可能不以為然：「你這不就是說了一番正確的廢話嗎？說了半天我還是不知道該怎麼做啊。」但這番話，對那位朋友卻起了作用。

她說：「我明白了我們行為背後的原因後，突然就想通了。雖然您並沒有指示我要怎麼和我媽相處，但我再遇到類似情形時，就不會再糾結於她那些傷害的話了。我好像突然打開了『上帝視角』，可以跳脫出當時的情緒，更能同理我媽的心理。我沒有直接去改變她的行為，只是改變了自己的思考模式，改變了認知和心態。在我可以心平氣和地面對我媽後，她的態度也隨之改變了，所有變化都像是悄然發生的一樣。」

細細體會就能發現，對於某件事，你其實可以跳脫出當下的不良情緒，把交流匯聚在表達本身。如果瞭解了萬事萬物運行的規律，不僅不會生氣，反而會釋然。

世界上大部分的煩惱、困擾和焦慮，都是因為不瞭解世界運行背後的原理和規律。瞭解了，自然就不焦慮了。心理學不是虛無縹緲的「雞湯文化」，而是科學化的理論系統。**如果你陷入某種情緒無法自拔，可以利用這個系統，有邏輯地幫助自己跳脫出來，不掉入無意義的情緒陷阱。**

當然，也不獨心理學如此，我們閱讀哲學、文學、經濟學等，很多理論知識聽起來沒有提供明確的解決方案，**其實它們都在提供一種思路。因此，讀者領悟到的是思維方式，而不是具體的操作步驟。**

曾經有讀者問我：「老師，我讀了很多大道理，卻依然過不好這一生。閱讀、思考確實讓我明白了很多『為什麼』，但知道了『為什麼』後，我還是想知道『怎麼辦』。」

我回答道：「如果你知道『為什麼』，漸漸地就會知道『怎麼辦』。如果你還是不知道『怎麼辦』，那也許你還沒有真的領會『為什麼』。當然，這是急不來的，可能在你思考了九十九次後，第一百次才會頓悟。」

當然，很多人仍然會覺得這是一句正確的廢話。因為很多提問者已經預設好了一個劇本，但身為心理學工作者並不會順著個案的思路配合他的劇情演出，而是給他一個啟發：「這個劇本，或許根本不存在呢。」

當你還沒領會這番話的含義時，長篇理論對你來說可能確實不適用，因為你還在尋求具體的「辦法」，還在想頭痛醫頭，腳痛醫腳。

譬如在一些育兒問題上，很多家長都想聽到「學會這一招，孩子就會肯聽話」這樣的答案，他們想的是如何能管住這個孩子。至於怎麼管，請專家來給標準答案。

但我肯定給不出「聰明媽媽三步就搞定」這樣的答案。我可能會給家長慢慢講一大堆道理——「這就需要從兒童心理發展的客觀規律說起」，有些人就會覺得我廢話連篇。不理解的人看到那些話，也許會感覺這些理論都是正確而無用的，但懂的人會知道，我在用這種方式把你從牛角尖裡拽出來。

你可能沒有意識到，當你透過辯論、磋商等方式試圖把他人也拽進你的牛角尖裡，其實你是希望讓別人體會你的苦衷，為你提供解決方案，或是安慰你、說服你，甚至是在你的邏輯裡戰勝別人。

但本書不是這樣的，我看似說了一番和你的實際困擾不沾邊也不具體的東西，但其實是想幫助你走出那個死胡同。**如果你可以跟著我走一段路，即使心裡在嘀咕：「這個人說這些廢話到底幹什麼呢？」再回頭時可能會發現：「咦，我怎麼從牛角尖裡出來了！」**

每個人都在試著用不同的方式和世界相處，我的所感所想所言，也只是在提供另一種可能的解題思路，僅此而已。

Self-Help S
008

其實我們都有點怪，
與世界格格不入也沒關係！

作　　者｜張昕、夏白鹿
封面設計｜謝佳穎
內文排版｜葉若蒂
責任編輯｜黃文慧
特約編輯｜劉佳玲
校　　對｜呂佳真

出　　版｜晴好出版事業有限公司
總 編 輯｜黃文慧
副總編輯｜鍾宜君
行銷企畫｜吳孟蓉、胡雯琳
地　　址｜104027 台北市中山區中山北路三段 36 巷 10 號 4 樓
網　　址｜https://www.facebook.com/QinghaoBook
電子信箱｜Qinghaobook@gmail.com
電　　話｜02-2516-6892
傳　　真｜02-2516-6891
發　　行｜遠足文化事業股份有限公司（讀書共和國出版集團）
地　　址｜231023 新北市新店區民權路 108-2 號 9 樓
電　　話｜02-2218-1417　傳真｜02-2218-1142
電子信箱｜service@bookrep.com.tw
郵政帳號｜19504465（戶名：遠足文化事業股份有限公司）
客服電話｜0800-221-029　團體訂購｜02-2218-1417 分機 1124
網　　址｜www.bookrep.com.tw
法律顧問｜華洋法律事務所／蘇文生律師
印　　製｜通南印刷
初版一刷｜2024 年 6 月
定　　價｜420 元
I S B N ｜978-626-7396-93-3
EISBN (PDF) ｜978-626-7396-80-3
EISBN (EPUB) ｜978-626-7396-79-7

國家圖書館出版品預行編目 (CIP) 資料

其實我們都有點怪，與世界格格不入也沒關係！ / 張昕，夏白鹿著 . -- 初版 . --
臺北市：晴好出版事業有限公司出版：遠足文化事業股份有限公司發行，2024.06
336 面；17x23 公分
ISBN 978-626-7396-93-3(平裝)
1.CST: 心理學 2.CST: 通俗作品
170　　113008025